小学館文庫

おれたちを齧るな！

わしらは怪しい雑魚釣り隊

椎名　誠

小学館

あれこれ悩みも増えてきまして

雑魚釣り隊も三十名という大所帯になると、むかしのようにその日の風まかせで海べにむかう、ということがなかなか難しくなってきた。

浜辺や磯はちゃんとあるのだが、よく魚が釣れるところは釣り人がみんな知っていて、前の晩から場所とりしている係などもいて、まるで花見の場所とりみたいだ。

そういうところをなんとか確保したとしてもスペース的におれたちの三分の一もそこで竿を振り回せない、ということになり、しだいに大きな堤防しか場所がなくなってしまった。そこでもちゃんと常連が確保している場所があって、シートや布バケツなんかが置いてある。まるでパチンコ屋の台とり競争で、とにかく海に行っても日本の人口密度をひたすら感じるだけなんだから嫌になってくる。

雑魚釣り隊の先鋭部隊は、もうそういうところはさっさと諦めて、船釣りに出ていく。でもこれだって船の中の釣り座争いがあり、限られた時間のなかでのほかの釣り人とのタタカイになるから、そういう闘争に挑み、みんなの夕食のエサ、じゃなかったおかずを釣ってくるのはいまや出稼ぎとうちゃん風になってきた。

だから島に行くと、いきなり釣り場が広々として釣果もまあたいてい漁業並になる。

でもそんなにしょっちゅう離島ばかりに行けないし、夏から晩秋まで台風によってかなりの確率で予定変更になる。

雑魚釣り隊が雑魚でもいいから何か釣れればそれでもうすっかり満足していた時代がなつかしい。

今はいろんな意味で進化しているのだ。

キャンプ地もそのための施設のあるところは小役人みたいな管理者がいて、あれはだめだ、それはだめだ、こっちもだめならむこうもだめだー！　と煩《うるさ》くまるで捕虜収容所みたいになっているところが増えてきた。

だからおれたちは、あまり人のこないどこかいい海岸や岬の勝手にキャンプできる場所を四カ所ほど見つけている。クルマで行くから水を大量に持っていけば問題ない。

しかし、そういうところに行くと草むらの陰にカップルがいてあられもない恰好で横たわっていたりして「やだあ！」なんて叫び、こっちがあやまったりして精神的にぐったりする。海浜カップルははやいところ海のモクズになってほしい。

三十人もいるとテントだって三十も張らなければならない。それがアホくさくてモンゴル遊牧民の暮らしているでっかいゲルやカナダエスキモーのでっかいＴＰテントを自作するようにしているのだが（一万円ぐらいでできる）それも廃材などがなかなか見つからなくなってきていて、本書に出てくるキャンプは、海岸近くの空き家を一戸まるまる借りてそこを本拠地にしているケースが多くなっている。なんと今はいろいろと住宅難なのだ。

雑魚釣り隊隊長　椎名　誠

おれたちを齧《かじ》るな！

わしらは怪しい雑魚釣り隊

目次

登場する人々

いつものメンバー

名嘉元三治
沖縄出身。雑魚釣り隊のタマリ場である新宿三丁目の居酒屋『海森』店主。「サビキのナカモト」「置き竿のミツジ」と名乗っている。

タコの介
樋口正博。沖釣り雑誌『つり丸』元編集長だが海と釣りが嫌い。キャンプではいつもテント村の留守番担当だった。2019年7月逝去。

隊長・**椎名誠**
第一次『わしらは怪しい探険隊』(角川文庫)から四十年ほど同じようなことをしている。ビールと焚き火と堤防昼寝が人生だ。

單さん
單行道。雑魚釣り隊が台湾に遠征した際、現地で通訳をしてくれた。その後、日本にやって来て入隊。酔っ払った隊員より日本語堪能。

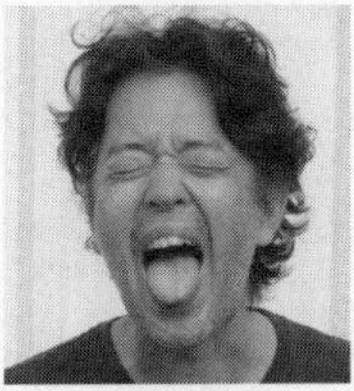

副隊長・**西澤亨**
傍若無人の暴れ者で「平塚の不発弾」「森の西松」「若頭」などの異名をとる。船釣りが嫌いで、堤防から太竿遠投釣りばかりしている。

マキエイ
河内牧栄。アラスカ在住。雑魚釣り隊参加のために年に数回わざわざアラスカから帰ってくる。髭とタンクトップがトレードマーク。

海仁

齋藤海仁。雑魚釣り隊のエース。大学院では役に立つかわからないウニ・ホヤ・ヒトデ研究をしていた。天敵はニンニク、好物は白湯。

ヒロシ

齋藤浩。別名「一升チャーハンのヒロシ」。常に自分の釣果を大声で主張して走り回っていたが、イクメン化してからはおとなしい。

三嶋克也

長身細身。酒は飲めずコーラばかり飲んでいるが、大酒飲みばかりの隊ではドライバー、深夜の買い出し担当として頼りにされている。

みっちゃん

川野充信。自己紹介で「さんぼんがわに～のはらの～」と言うため、通称さんぼんがわ。全身痛風男でいつも体のどこかが腫れている。

ヤブちゃん

薮内辰哉。関西ドレイ組リーダーで特殊ブラシの工場を経営している。いつもキャンプに大量のスナック菓子と歯ブラシを持ってくる。

岡本宏之

雑魚釣り隊釣り部部長。アタリが全然無くても笑顔でルアーを投げ続ける強い精神力を持つゆえに「ヘンタイ部長」と呼ばれている。

タカ

平石貴寛。アメリカのワシントンDCからやって来るドレイ。よく新宿で飲んでいるため本当は岐阜県あたりに住んでいるとの噂あり。

香山イテコマシタロカ君

本名「光」。コテコテの関西人。大手出版社に勤めており雑魚釣り隊で一番忙しい男と言われている。天野と並びデカバラ番付は横綱。

コンちゃん

近藤加津哉。雑魚釣り隊発足から七年間、よろず世話人として隊を支えた。釣りはなんでもうまい万能派。特にイカ釣りの腕はプロ級。

ベンゴシ

田中慎也。正真正銘本当の弁護士だが、いつも新宿で飲んだくれて酔っ払っているため、誰も信用せずカタカナの「ベンゴシ」が通称。

ザコ

小迫剛。毎回、超絶美味料理を繰り出す雑魚釣り隊料理長。プロミュージシャンでもあり、雑魚釣り隊のテーマソングも作ってくれた。

天野哲也

体重百二十五キロ超級。ご飯は常にまんが盛り。巨体に似合わず電子プログラマー。名古屋から東京へと越してきてさらに大食いに。

似田貝大介

通称「しろめしおかわりくん」。とにかく白いご飯が大好きで、いつでもどこでもご飯のことしか考えていない。天野のライバル。

太陽

橋口太陽。長崎のバカ兄弟の兄。雑魚釣り隊初の人事異動によりドレイから一般隊員に昇格した心優しき若手リーダー格。フグ釣り命。

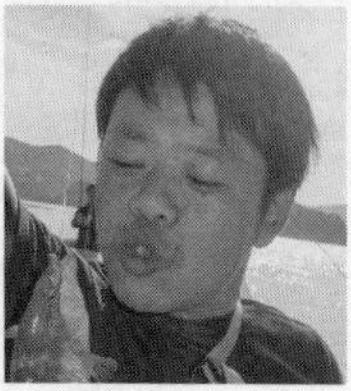

あつを

大原忠。神戸出身。精密機器メーカーの営業マンをやっておりいつも車を運転しているため、隊でも運転担当に。無類の麺好き。

おかしら竹田

竹田聡一郎。雑魚釣り隊のドレイをまとめる「ドレイ頭」。口は悪いが根はいい奴。スポーツライターとして世界中を飛び回っている。

ケンタロウ

新里健太郎。『週刊ポスト』の編集者で現よろず世話人。釣り部部員でもあり、暇さえあれば海に出ている。隊では主に魚捌き担当。

トオル

大八木亨。新宿で予約困難な人気ビストロを経営。どんな食材も彼にかかれば一瞬でバカ旨料理に。釣れないときのマグロ仕入れ担当。

ダイスケ
榊原大祐。「ああ、そうっすねえ」という相槌をよく打つため、皆に適当な奴だと思われているが職業は有能編集者。2021年1月急逝。

ウッチー
内海裕之。カメラマンで集合写真を一発で撮影する特技を持つ。クルマの運転、力仕事、大食いどれも得意だが船に乗るのは苦手。

ドウム
橋口童夢。長崎のバカ兄弟の弟でドレイ歴が最も長いドレイの中のドレイ。筋金入りのドレイだけに一般隊員への昇格予定はまだない。

ショカツ
庄野宣行。徳島生まれ。いつでもどこでも阿波踊りを踊っている。起業して関西へ引っ越したが、毎回、夜行バスに乗ってやってくる。

デン
加藤寛康。隊長がアイスランドを旅した際にスカウトしてきた若手ドレイ。その時は電通に勤めていたため「デン」と呼ばれている。

ヨシキ
小海途良幹。名字は「こがいと」と読む。はんなり言葉を喋り雑魚釣り隊の玉三郎と呼ばれている。本職はスポーツ新聞のカメラマン。

リョースケ
今井竜介。小笠原諸島の父島出身。高校進学とともに本土に渡る。北海道の一流鮨屋などで修業した後、「フリーの寿司職人」となる。

京セラ
加藤潤也。釣りとカメラ大好きな最年少ドレイ。デンと同じ「加藤」だが、こちらは京セラに勤めていたため「京セラ」と呼ばれている。

山崎貴之
ダイスケの後輩編集者。元走り幅跳びの選手で運動神経抜群。堤防釣りでも料理でもセンスを感じさせる万能型の若手ドレイ。

客人待遇

宍戸健司
数々の伝説に彩られた出版社役員。釣りもバクチも勝負強く、いつも土壇場で大物を釣り上げる。油モノ好きで「アブラ人」の異名あり。

土屋和夫
元大手出版社小説誌編集長。神出鬼没な上、キャンプに来ても船に乗っても常に本を読んでいる。謎が多く「仙人」と呼ばれている。

太田トクヤ
新宿居酒屋の立志伝中の人物。新宿三丁目の「池林房」ではいつも誰かしら隊員が酔い潰れている。椎名とはライバルであり朋友。

寒風ついてやったぞ銀色美人アジ

新宿チャンチャンコ会議

「寒くなったなあ。今夜は冷えるぜ」

西澤がチャンチャンコを着て背中を丸め、おれたちのアジトである居酒屋に入ってきた。

いまどき新宿三丁目でチャンチャンコを着ているのはこいつぐらいしかいないだろう。

そういうおれは長靴を履いている。雨が降っているわけじゃないけれど、家から十分ぐらいで着いてしまうこの店にわざわざ靴など履いてくるのは面倒くさいからだ。長靴ならあったかいし小あがりに上がるのも足をフルだけで脱げてしまえる。すでにコンちゃんとザコとケンタロウがきていてビールを飲んでいた。

「で、行く場所は決まったのかい」

「ちゃんと話していたわけじゃないですけど、久しぶりにタクワン浜でキャンプ釣りはどうかという話が出てるトコです」

「寒いからアジを釣って焚き火の上からつるした鍋でアジの〝つみれ汁〟とカン酒で

からだの内外からあったまろうってえ寸法ですわ」

オッス！ と言いながらおかしら竹田と天野が入ってきた。二人とも暑がりだがこの寒空に半袖だ。おまけに額に汗粒まで浮かべている。いくら暑がりでもこれは異常だ。

「あっ、わかった。おまえらから肉のにおいがする。あっ、これはカルビだ。この会議さぼっていましがたまでヤキニク食ってたんだろう」

コンちゃんが隣に座った天野の背中のあたりに鼻を近づけてクンクンしながら言う。コンと天野は大学の同級生で長いつきあいになるから互いに匂いで様子をさぐることができる。人間よりもハクビシンとかアルマジロなどという動物に近いのだ。

「ほんの安い肉ですよ。それより次の場所および狙うべき獲物は決まりましたか」

ホントは釣りなんかどうでもいい竹田がまじめくさって言うので、今まで自分らだけで本当にひそかにヤキニクを食っていたことがはっきりした。

タクワン浜は三浦半島の先端あたりにあるが、正式な土地名ではない。我々が勝手にタクワン浜と呼んでいるだけだ。

砂浜と岩場と堤防があるので本格的に雑魚を狙うにはちょうどよく、水も便所もないのでキャンプにくる人はめったにいない。ましてや冬のさなかだ。流木を集めて盛大な焚き火ができるからおれたちには好都合なのだ。

近くに寺があり、墓がある。暗いところを好むカップルなんかがふらふらやってこないように時々近くのスーパーなんかに行って何げなく作り話をすることにしている。この近辺にはじめてきて様子を聞く、というふうにだ。

墓には夏などぼんやりローソクレベルの明かりがついている提灯などがあるから、「あそこの墓場にはときどきユーレイが出るらしいですね」などと親しくなったレジのおばちゃんなんかに計画的に話したりしている。

おばちゃん三人に同じことをやれば相手はおばちゃんだ。CMを三回流すより早くそこらの人々にユーレイ話が伝わる。

我々のあいだでそこが「タクワン浜」と呼ばれるようになったのは七〜八年前にここにキャンプにきたとき、浜辺にタクワンが百本ぐらいころがっていたからだ。

みんなでそのナゾを話しあい、諸説語られたが、真実を知る者は誰もいないのだから三日間とことん朝まで生テレビしたって正しい答えが出るわけはない。

その日も他に意見がないなら、ということでタクワン浜で焚き火して狙うは冬アジのツミレ鍋、というセンで話はあっさり決まった。

この寒いのに十七人も

竹田、天野、トオル、コン、タコの介、太陽、京セラが前日入りしてタープを張り、プロの料理人であるトオルがめしの支度をしておくことになった。

総勢十七名。そのうち早朝から海に出るのはザコ、コン、海仁、宍戸、太陽、タコの介の六人だ。海仁と宍戸は明朝クルマでやってくることになっている。

タコの介が船釣りに出るのは久しぶりだ。彼は以前沖釣り雑誌『つり丸』の編集長をしていたが、釣り船を見ると船酔いし、釣り糸を出すとすぐにオマツリ（他者のイトとイトがからむこと）しちまうので釣りは嫌いだ、と公言しているヘンな編集長だった。

あとの者はそれぞれ適当な時間にやってくることになっている。

夕方には無人のタクワン浜に我々の焚き火が派手に燃えていた。サケはウイスキーのお湯わり。肴はコンビニで買ってきたものを適当につまむ。

トオルはうどんを作っている。でっかい鍋に大量の汁を作り、うどん玉もいっぱい。腹が減ったらすぐに何杯でも食っていいことになっていた。

冬の海べりはたちまち暗くなる。どんどん温度がさがっていくからどんどん薪をくべる。さしたる話はないままに釣り船組は深夜十二時ぐらいにはテントにもぐっていった。いれかわりに西澤と三嶋がウイスキーの瓶をぶらさげてやってきた。

「いいねえ、真冬のキャンプは焚き火がひときわ明るいぜ」

西澤が言う。

一転にわかにかきくもり

と、ここまでは竹田のメモをもとに書いている。この時期、モノカキには「年末進行」という試練の業界悪弊があり、連載ものの締め切りがどんどん前のほうに迫り出してくるのでおれは翌日の昼頃に家を出た。

徹夜にちかかったのでウッチーと似田貝がおれの家に迎えにきてくれて、おれが運転するのはガレージから外にピックアップトラックを出すまでだった。すぐに後部座席に移り毛布をかぶってたちまち寝てしまった。

起きるとタクワン浜だった。例の「瞬間移動」というアインシュタインの特殊相対性理論を活用し、これは便利な時代になったものだと喜んだ。

おまけにここにやってくる途中は風雨強く、釣り船組はシケみたいな海に乗り出していったらしいが、おれは希代の晴れ男なので、おれたちが到着する前まで吹いていた風速二十メートルクラスの風もピタリとしずまっていた。中国人も言っているがこれ本当の話よ。

嵐のような風は明け方に突然吹き出したらしい。やつらが前の日にきたときはおだやかな天候だったので油断してタープのペグ（土クギ）も適当にやっておいたのだろう。

タープはたちまちでっかいクラゲ凧のようになって吹っ飛んでいき、もうちょっとで着水、というところで四つのポールを空中にむけてサカサになり、あられもなくスカートの内側をおっぴろげるような、公序良俗にひっかかりそうな恰好で全身をワナワナ震わせていたらしい。

さらに早朝起きて船に乗って出撃していったヤツらのテントも人間の「重し」をなくしてしまったので、すべて吹っ飛んでいくのを残った連中が見上げていた。ドンと鳴った花火だ。きれいだなあーなどと言ってしばらく鑑賞していたらしいが、寒風ついてアジを釣りに出稼ぎに行った彼らの住居が無くなっているのじゃ可哀想なので、皆で手分けして回収した。

その頃、船のほうは定員満席で強風とシケ並みの大波を乗りこえていた。こういう条件では一番揺れを感じ波をかぶるミヨシ（船首）のほうしかあいていなかったので、六人はびしょ濡れになり、何かにつかまっていないと危険な状態になっていた。そのときタコの介はやはり家で寝てるんだった、としきりに反省していたらしい。

しかしポイントには十分ぐらいでつき、六人は無事に竿を出すことができた。

イワシのミンチをコマセ（寄せ餌）にしてエサは紅染めのイカを小さくサイコロ状にしたもの（赤タン）をつかう。タナ（魚のいるところ）は海底から三メートルほどあげたところ。海底でコマセをふりまいてアジが回ってきたところを釣る、という戦略だ。

最初にコンちゃんに大物を感じさせるヒキがあったが、リールを巻いている途中でオマツリとなってイトを切られてしまう。

経験豊富なコンちゃんの感触はどうやらサバだったらしい。惜しい。冬のサバをシメサバにして食いたかった。

しかしコンちゃんはすぐに復讐のオニと化し三十五センチ級の、ブランドものである「走水《はしりみず》のアジ」を釣りあげる。続いてザコと海仁にも大型のがきた。

宍戸はなぜか小アジしかかからない。太陽とタコの介はオマツリばかりしてなかなか戦力にならない。オマツリは荒れた海で大勢の釣り人がいるときはしょうがないのだが、二人は晴天無風でもいつもからんでいる。あまりにも何度も繰り返すので二人はどんどんイライラし、そのうち竿を捨て互いにむきあって両者の口に指をつっこみ「いー」の形にしていがみあっている。

そういうのを無視してコン、ザコ、海仁は大アジトリオとなって「でかいの」をじゃんじゃんあげていった。

「おー、これはでかいツミレができるぞう」コーフンしてザコが叫ぶ。たたかい続けている太陽くんとタコの介は双方「いー」としか叫べない。

太陽くんとのタタカイに夢中になっているタコの介の電動リールがそのときカタカタ、ビリビリと苦しそうな音をたててミチイトがどんどん出ていくのを宍戸が発見した。

タコの介と太陽くんは一時休戦し、タコの介のタタカイはどこかぶっこわれているらしい電動リールのほうにむかった。奮闘十分。なんとか少しずつリールを巻きあげる。やがてハリにかかったそいつは海面ちかくにあがってきた。かなりでかい。白い魚体がヒラヒラ踊っている。

「むっ、これはタイかもしれないぞ。タイだぞ、タイだあ！」

タコの介叫ぶ。ほかの釣り客も集まってきた。タイならタコの介の逆転勝利だ。しかもこんな大ダイを仕留めるとは。やがて正体がわかってきた。サメであった。よせばいいのに太陽がタモを出してすくいあげた。

「ドチザメだね」

海仁が冷たく言った。

「あははは。あはははは」

太陽が笑う。

「おまえは笑いすぎる！」

タコの介は改めて怒り、再び太陽のバカ笑い口に指を突っ込んで「いー」の恰好にする。太陽もまけずに応戦する。

少しあとザコと海仁が十匹ずつあげたところで時間的にタタカイ終了。帰港となった。

しあわせの午後十一時

いっぽう海岸ではみんなでなんとかタープを持ってきてもとの位置に据えた。風は

シケの海をものともせず船釣り隊は大アジたちとたたかった

治まり、もう本日は大過なく過ごせそうだったが、もしものことを考えてペグに加えてタープの四方にロープを張った。

それから二つの穴を掘った。ひとつは料理用。ひとつはコタツ用だ。コタツといっても海岸だから地面に穴を掘り、そこに炭火を熾《おこ》す。着火剤があればいまは簡単だ。

コタツにはアルミ製のテーブルを穴の上におく。本当はここに布団をかけたいが布団というものはない。ブルーシートという手も考えたが、ああいうケミカル物体はどこかに火がつくとたちまち全焼ということも考えられる。炭火が熾きてくるとテーブルがその上にあるだけでけっこう暖かいが、その下を風が自由にとおり抜けていくのがしゃくにさわる。

「おい、竹田。風がうるせえんだよ。いやちがった、ウスラ寒いんだよ」

おれたちはこれまでアウトドア業界のスキマをついてかなり廉価で実用的なものを発明してきた。

今回だってあの瞬間的低気圧がくるのがわかっていたら四国の四万十川で作った竹を組み合わせてブルーシートを頑丈にまきつけ、十人はテントのなかで焚き火ができるカナダ式TPテントを作り、みんなで笑って一晩を過ごせた筈なのだ。

おれたちは安くて簡単な原始的アウトドア建造物を作るアイデアと、それをやるピラミッド作り級の人海戦術を持っているが、それをあらかじめ計画的に実践する能力に欠けている。

「なっ！　そうだろ」

おれは罪もない目の前の連中にそう言ってイカル。

「言っていいですか？」

竹田が言う。

「言っていいよ」

「おれも発明したんですけど、こういうのはどうかと思うんです」

「どんなのだよ」

「いろんな本を読むと土の中は夏でも冬でもいちばん温度が安定しているらしいんですね」

「おお、そうだよ。よく知ってるなあ。お前のアタマで本を読めたとは信じられないけれどよ」

竹田無視して「それで、えと、こういう寒い日はこういうところに穴を掘って、それも幅五十センチ、長さ二メートルぐらいのですね」

「ずいぶん大きい穴だな」

「そこにブルーシートを敷いて誰かそこに入って寝るんです。しかる後にその上にもブルーシートをかけて砂を二十センチぐらい敷きつめてその上で焚き火したらどうかと」

「誰がそこに入るんだ？」

「あの、んと、それは寒がりの隊長です。それならもう隙間風も入りませんよ」

「おれをアボリジニの砂トカゲ丸蒸し焼きのようにするつもりか」

「えと、まあそんなとこで」

竹田の腕をねじる前に磯釣り隊の名嘉元と京セラ、そして走水のアジ部隊が帰ってきた。どちらも予想以上の大漁だった。

銀色のアジはそのままがぶりつきたいくらいにうまそうだ。磯釣り隊が釣った雑魚四十匹は夜更け汁の出汁《だし》にすることになった。クサフグが一匹でもまじっていたらみんな死ぬが判定はトオルにまかせよう。さっさとアジは三枚にオロサれ、ツミレ方向にむかっていった。

「せっかくのとりたてのアジじゃないか。何匹か刺し身にして食いたいじゃないか」

トオルというのはまったく話が早い奴で、たちまちトントントンとアジの刺し身を作りまな板の上にのせておれたち「コタツ部隊」に持ってきてくれた。

生姜おろしが効いてうめー！　のなんの。

「アジ、誰が一匹も釣れなかったか聞かないほうがいいですよ」

そのときコンちゃんがおれの耳もとでそっと言った。いかにもコンちゃんらしいアフターケアだった。

つるされた鍋の中には本日の釣果がどっさり！　早く火を熾《おこ》せ！

名嘉元、京セラの磯釣り組
も雑魚大漁！

久々の船釣り前日。餅を食
べながら「絶対釣る！」と
気合十分のタコの介

大量のツミレ（上）を作るザコとトオルのキッチンコンビ。釣りたてアジは鍋はもちろん刺し身で食っても最高に旨いのだ

スレンダーにヒラヒラ。東京湾タチウオ作戦

オサカナさんはどこですか

おれたちのような確実性のない釣り趣味集団にとって一月、二月というのはその「確実性」というものがもっとも希薄になる。ひとつの拠点の港を持っていないから、その時期、どこへ行ったらいいんだ、オサカナさんはどこにいるんだ？　ということが常に問題になる。

釣り名人に相談するとあるひとは「南へ行きなさい」と言う。理由は単純で「少しはあたたかいからだ」と言う。別のひとは「いまじぶんは西だな。開拓者は常に西にむかったもんだ」とわけのわからないことを言うし、「恋に破れているのなら北へ行くのに限るな、ネオンの海をさまよえばヒラヒラドレスのタイやヒラメがいっぱい泳いでいるよ」とハナからまともにとりあってくれないひともいる。

ひとつの港を拠点にして潮の具合や風むきなどを見てポイントを熟知している漁師でも、この季節はあまり積極的じゃないケースがけっこうあるようだ。

雑魚釣り隊は雑魚でいいわけだからそこらの堤防に行ってチョイ投げやサビキでも振り回していれば誰かに何かしらかかる。毎度おなじみのやつで通称「ネコまたぎ」。

ネコでもバカにしてひょいと飛び越えていってしまう、という雑魚だ。

しかし最初からネコにさえ無視されるオサカナを釣りに大勢の男たちが集まって数日もすごす、というのではもう世間が許さなくなっている。いや世間といったっておれらの身内の世間だ。「あんた、またニボシにもならない魚を釣りに行くんなら、今度の休みはゴミ捨て場と化しているガレージの掃除をしてちょうだい」などという「世間」だ。

そこで最近ではとりわけ釣りの成果が期待できる奴と、なにか深い悩みを持っていて、いつ冷たい冬の海に自分からズリ落ちてもいいという願望を持っているような奴らを「遠洋漁業隊」として、まあまあそれなりに魚のいそうな沖へ送りだし、晩のおかずのサカナを持ち帰る、という「特攻釣り戦闘部隊」と、キャンプ地とか安宿でビールを冷やし、料理の火をたいて待っている「お留守番隊」のふたとおりにわけるようになった。

そして寒風のなか、早朝沖に出ていく「釣り部隊」は、結構ハズレなくなんとかみんなのその夜の酒の肴とめしのおかずぐらいにはなる獲物を釣ってくるようになってきた。

今回の釣り日は一年で一番寒い頃であったが、複数の海釣り情報から、館山《たてやま》（千葉県）から船を出して冬のヒラメ、ハタなどの大物狙いでイチかバチかに賭けよう、ということになった。

釣り船に乗るのは八人。陸で「おかず」を待っているのは七人。

「わたしら港で待つ者はいつでもあったかーいごはんと味噌汁を作ってじっと待っているわ。オシンコもつけてね」

北風ぴゅうぴゅう二十メートル

よろず世話人のケンタロウはこの頃メキメキ釣りの腕をあげていて、そうなるとますます面白いのだろう。近頃は休みの日にはトレーニングと称して単独で釣り船に乗っていろんな魚に挑戦しているという。同時に釣り情報もホットなやつをいろいろ仕入れてくる。その情報を雑魚釣り隊のなかではプロに近い（長いこと海釣り専門雑誌の実技実践をやっていた）コンちゃんに連絡する。彼は釣り船についてくわしい知り合いも多いから、ケンタロウ情報の真贋《しんがん》を正確に判定できる。

で、簡単に千葉館山からの出船となったわけだ。

ところがその前日、ケンタロウのところに釣り船屋の親父さんから電話が入った。

「残念ながらよう。明日は駄目になっちまったよ。北風二十メートルだとよ。もうみんな船を陸にあげているよう」

千葉から船は出せない、ということが確実になった。しかしその日は千葉館山に我々十五人の素泊まりの宿を決めてしまっていてお金も払い込んである。ケンタロウのところに雑魚釣り隊の釣りキャプテンでもある海仁から電話が入った。今釣り道具を用意していたが、予定していた場所は天候が悪すぎて無理らしい、と彼は彼で独自に調べていて、それでケンタロウに確認してきたのだった。海仁は横須賀育ちだ。

「ケンタロウ。こういう気圧配置だと千葉はだめでも横須賀沖ならなんとかなるぞ」

「でも、宿は千葉の館山にもう決めてカネ払っちゃったんですよ」

「それなら釣りが終わったらカー・フェリーで千葉に渡ればいい。神奈川の久里浜から千葉の金谷までフェリーが出ている。三十分もあれば東京湾横断だよ」

ケンタロウが思いもしなかった斬新なルートなのだった。

「横須賀だと釣り船出ますか?」

ケンタロウはダメおしで聞いた。

「ぼくの経験では千葉が悪くても横須賀は大丈夫……たぶん」

最後の「……たぶん」というところが若干気になったが今は海仁の言うその計画で

いくしかない。ケンタロウはメンバーに計画修正を連絡した。

いきなり太陽君が九十センチクラス

タチウオ狙いの長谷川丸は七時二十分に神奈川の新安浦港を出た。今回の雑魚釣り隊の戦闘部隊は海仁、岡本、ヒロシ、コン、ザコ、太陽、京セラ、ケンタロウ。釣りのポイントは意外に近く、港から十分ぐらいのところだった。水深は六十〜七十メートル。

「えーっみなさん。今回の雑魚釣り隊は釣りに出る者、待っている者、全部で十五人います。我々は八人です。したがって最低でも一人二匹釣って下さい。そうすれば今夜はとりあえず平和になります」

ケンタロウが大きな声で言う。

「なんだ二匹でいいのか」

「そんならたちまちだな」

などという声がする。そういう余裕の声が聞こえているうちに悪のり冗談のようにして、太陽がいきなり九十センチはある立派なのを釣った。タチウオはその名のとおり「立って」泳いでいる。魚体はひらべったく銀色にかがやいて文字どおり「太刀」に似ているのでふたつをかけてそういう名になったらしいが、上をむいて泳ぎながら上から落ちてくるエサをかなり凶悪な歯と口で待ち構えている。

これは夏場におれも釣ったことがあるが、長いヒラヒラの魚体はヒキが強く、かかれば面白い。

釣り船というのは誰かひとりでもさきがけすると、その他の者に一斉に緊迫した気

ポイントに着いて第一投。自分でもビックリの早技で太陽が釣りあげた

合が入る。岡本はいつものように「ミヨシ＝舳先」に立ってルアーを振り回している。次にあげたのは京セラだった。ほそっこくて声の小さな京セラのは五十センチ前後。

「おお、京セラサイズだな」

ザコがからかう。そのザコにもすぐにアタリがきてやはり五十センチサイズだ。

「いやあ、影響されちゃったよ。魚釣りはサイズじゃないんだよな。気合だ気合」どこかで聞いたようなことを言っている。

そのあたりから各自次々とその美しい銀色魚をあげていった。他の人はみんな魚の切り身エサなのに岡本のルアーにもかかってくる。タチウオはそうとうに獰猛《どうもう》、ということがよくわかる。

雑魚釣り隊のエースと言われて久しい海仁にだけなにもアタリがない。そういう日もあるんだから気にしなければいいのに海仁はしだいに卑屈になっていく。チームのなかで一人だけ釣れない、というのは置いてけぼりをくっているようで必要以上に焦るのはみんなに共通した心理のようだ。

北へ逃げたドレイたち

今回ひさしぶりに参戦したヒロシは釣れても釣れなくてもいつもとにかくうるさいので、いれば煩わしくて落ちつかないが、いないとなんだか寂しい、というよくある存在感の面倒な男だ。そのヒロシにもなかなかアタリがない。彼は結婚して子供がうまれ、ようやくフッーのヒトのようになった。何をするにしても子供みたいなところがあったのだが、自分に子供ができると自分まで子供のままではいられない、ということにやっと気づいたのだ。

今回釣り船にもベースキャンプの民宿にもいない今いちばんうるさい「おかしら竹田」はドレイ隊のリーダーだが、同じドレイのヤブちゃん、ショカツ、ベンゴシ、あつを、三嶋の六人で東北の盛岡に逃げてしまった。

「一年のうちで一番寒いときだ。船のやつらもボロ民宿のやつらも今頃震えているぞ」

六人は昼間から盛岡の居酒屋で飲んでいた。

「なあにがジギングじゃい。おりゃあマッコリのほうが好きだぜ」

「どうせ隊長も釣り船には乗ってないぞ。寒がりだからな」

「でもあのヒト、宴会だけは参加するよな」

「でもってスゲー量のビールを飲む」

「おれたちの逃亡がバレると腕をねじってくるぞ」

「バカ力のじいちゃんだからな」

「でもすぐ忘れちゃうから大丈夫」

そんなことを言っていると、隣の席にどこか南米らしき外国人の客が入ってきたらしい。何か聞いているのだがよくわからない。どうやら何がうまいかということだろう。しかたなくおかしら竹田は「ディスイズ・ア・ペン、ディスイズ・ア・パイナップル」と言って北のホヤを指さしていたらしい。

その頃、横須賀沖の船ではケンタロウ、岡本、コン、ヒロシらが順調に良型のタチウオをクーラーボックスにほうりこんでいた。つまりボウズはついに海仁だけになっていた。

「おまえらズルイなあ。自分だけ釣れればいいと思って」

いつも冷静な海仁も、こと釣りになると無意味にムキになり精神もたちまちコドモクラスになる。

その頃、おれはウッチーとダイスケが交代運転するピックアップトラックの後部座席で毛布をかぶって寝ていた。冬場はこのところいつもこのスタイルで寝不足解消といって堕落している。

いいんだ。釣りたい奴が釣れていれば。

横風の強いアクアラインを通過。風景を見ているだけでつめたそうだ。

その頃、いちはやく現地の宿に着いていたトオルと宍戸らは買い物に出ていた。ケンタロウが借りてくれた宿はオンボロ民宿などではなくまだあたらしい貸し別荘のようなところで、殆どの炊事道具が完備されている。清潔に掃除され、部屋数も多く、それぞれ暖房完備。三十人は泊まれる。自炊が基本の我々には願ってもないすばらしい宿なのであった。

しかも今回はプロの料理人、トオルとザコが参加している。この二人がいたらどんなものでもおいしく食べさせてくれる。トオルは市場に行って、万が一まったく釣れなかったときのことを考えて二キロの大きなマグロのかたまりを買っていた。釣りキャンプというとマグロだマグロだ！　とおれがヒロシよりもうるさく騒ぐからだ。マグロさえあればなんでも食える。夏場は大量の盛りそばにマグロのブツギリのっけ、というものがいちばんうまい。

でも、このマグロ購入については釣り船隊には内緒にしておく、ということになっていた。それによって彼らが安心し、夕食のおかず獲得への意欲が薄れないようにするためだ。

朝のうちは神奈川側も強い風が吹いていたが昼近くになるとおちついてきて、ようやく海仁にも一匹かかった。すでにクーラーボックスには三十匹ぐらい入っているからまずはノルマ達成、というところだ。

昼の残り時間までに余裕ができたから何かほかの「食える外道」「うまい外道」にアタックしてみっか。とルアーの岡本部長から意見も出たが、そうそう簡単には別モノ狙いはできない。

そのときコンちゃんが「大丈夫。ま、ここはおれにまかせてくれや」などとナゾの含み笑いなどを浮かべている。かといって彼がバッグからなにか特製の変わった釣り道具を引っ張りだすわけでもなく、船はどんどん母港に戻っていった。

釣り宿に戻ると出発するときは姿を見なかった船長の奥さんがお茶を用意してくれて、「あら、あなたがあの雑魚釣り隊の海仁さん。そこの若いヒトは長崎のバカ……いえそのそっくり兄弟のお兄さんのほうでしょ。あのマンガ盛りごはんをいくらでも食べる、という二百五十キロの人は今回は休みですか」と笑う。

天野のことを言っているらしいがそれじゃ体重が増えすぎだ。本当は百二十五キロ。釣り宿の奥さんともなるとちゃんと『週刊ポスト』のこのシリーズを読んでくれているのだ。みんななんとなくスターのような顔をして遠い海の彼方なんかを見たりしている。

コンちゃんがアジ七十匹獲得

コンちゃんを呼ぶ声がする。知り合いらしい。

「あんたらアジ食うかい？」

貰えるものはなんでも貰う、というのがおれたちのゆるぎない主義、習性である。みんなで行ってみると立派なアジがクーラーボックスのなかに八十匹ほどどっさり入っている。

「あんたら仲間が大勢いるんだろう。わけてあげるよ」

そのコンちゃんの知り合いの釣り人はフトッパラで七十匹ほど、どどどどっと我々のクーラーにわけてくれた。刺し身にもできるしツミレにも、フライにもできる。釣り合宿の素晴らしいところは船や釣り人によって獲物が違うから、大漁のときはこうして知り合いからオコボレ（にしては大量すぎるが）をしばしば貰えることである。以前は小型ながら近海ものキハダマグロやカツオ、サバなどどさどさ貰ったことがある。

「コンちゃん。これからはあまり釣果がなかったときは、東京湾とか相模湾の釣り船をぐるっと訪ねる『雑魚釣り隊おもらい部』というのをつくる必要があるな。『えーっ毎度おさわがせします。いらなくなったタイやヒラメなんでもいただきます。生きていても死んでいてもかまいません』ってマイクでがなって走り回るの」

「うーむ。それ本格的に試してみる必要があるなあ」

午後二時になるとあちこちからやってくる参加者十五名の顔ぶれがみんな揃った。すぐにトオル、ザコをリーダーにドレイらが厨房に入ってタチウオとアジのサバキに入る。最近はみんな自前の使いやすい出刃包丁を持ってきており、手際もいい。アブラ人（アブラ身が好きで好きでしょうがない）の宍戸もアジのあぶらっこいところを中心に刺し身にしている。雑魚釣り隊十余年の歴史もなめたものではないのだ。

タチウオは、皮を炙った刺し身、塩焼き、フライ、など。アジは半身サイズの大きな刺し身と揚げたてあつあつのフライにタルタルソースだぼだぼ。

どこからともなく大きな皿に山盛りのマグロが出てきた。こうしてゴーカ宴会は早くも午後四時ぐらいから始まっていた。

寒風吹き荒れるなか飛び出した「釣り戦闘部隊」。気合があればなんとかなるのだ！

フェリー移動は意外にも快適。ザコの水兵帽もバッチリきまっている

「おかず」を待っていた人たちの方が嬉しそう。さあ、宴会だ！

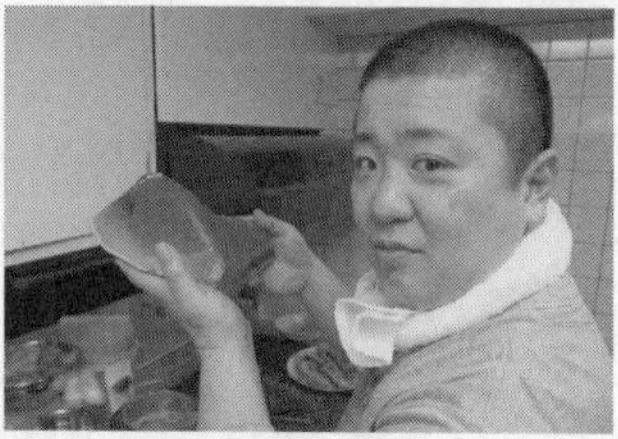

トオルがこっそり買ってきたマグロのかたまり

【上から】貰いアジの極上刺し身。タチウオは炙ってポン酢が激ウマ！　タチウオとアジにマグロも入った豪華絢爛フライ盛り

第一回雑魚釣りステークス

第一回　雑魚釣りステークス

発走＝二〇一七年二月二十六日　十五時〇〇分

枠番	馬番	馬名	鞍上	本紙予想	隊長推名	デスク三本川	釣り物予想	寸評
1	1	ヘンタイブチョー	岡本	○	▲	▲	イナダ・ワラサ	雑魚釣り隊釣り部長。爆釣力と変態度はピカイチ。日本海で鍛え上げた末脚で、ここも勝ち負けに
2	2	イカノプリンス	近藤	◎		◎	イカ	婚姻届も出し、気分一新。プリンスとして負けられない一戦。実力的には最上位
	3	デイスイベンゴシ	田中					粘り強い釣りで良さを生かせれば上位まで。前夜の酒残り次第では馬群に沈む可能性も
3	4	ワンフグサンライズ	太陽		○		ショウサイフグ	大器晩成。十年越しでようやく釣りに目覚めた。東京湾で鍛えたフグの技術で大駆け狙う
	5	シンコンラブリー	京セラ					新婚早々で馬体充実。ひ弱な印象が一変、力強さも。夜の営みの疲れさえなければ上位入着だ
4	6	ウメノロック	ザコ		◎	○	マダイ	マダイ栗色の縮れ毛で古馬の風格ただよう一頭。展開次第だが、ロックンロールで総まくりだ
	7	アブラクワセロ	宍戸					一発逆転の末脚あり。アブラを飲んで調子づけば他馬をねじ伏せる可能性まで
5	8	モモコノユメ	ケンタロウ	▲			ヒラメ	馬体の張りはピカイチ。愛娘モモコの声援があれば上位も狙えるはず
	9	ホソメドナイデッカ	ヤブ					関西馬唯一の参戦。相手強いが、持ち前の細目で虎視眈々と上位をうかがう

雑魚釣りステークス　ルール

①岡本、近藤、太陽、ザコ、ケンタロウの５名を釣りキャプテンとする。釣りをしたい他の隊員はキャプテンを指名することができるが、釣り物などの選択は全てキャプテンに従う。キャプテン１人につき指名は先着１人まで。
②①でできたチームを１つの枠とし、予想は枠番連勝複式で行なう。
③各キャプテンは釣りが終わるまで同じチームのメンバー以外（予想する人も含む）に何を釣るか知られないようこっそり行動する。
④大物狙い、数狙いなど自由だが、釣果は夜の宴会の肴へと直結するため真剣に釣りと予想に励まなければならない。
⑤勝者は釣果を見て協議及び隊長判断で決定！

新宿の下馬評

雑魚釣り隊も連載五十回をむかえ、このあたりでいっちょう誰が本当にいちばんオサカナさんに愛されているのか。つまり確実に釣果をあげているのか、という査定をしようではないか、という気運になってきた。しかしただの数釣りだけでの比較勝負ではつまらない。

そこでまあ、ほんのお遊び企画ながら誰からともなく隊員を「競馬ウマ」に見立てて、それぞれ獲物も釣り場所も勝手に決めさせ、同じ日の同じ時間にそれぞれ狙った海域に釣りに出る。釣り船は大概早朝に出船する。決められた午後三時にその日の宿に集まってきていちどきに釣果を競う、というのはどうか、ということになった。

釣りに出ない者は事前に予想をたて、午後三時までに宿に集結して〝釣り馬〟を待ち、いっぺんにその釣果で勝負の判定をする、というわけだ。

出場馬は別表（前ページ）のとおりである。作成したのは西澤。競馬に見立てて特徴ある馬名にしてある。

ちょっと解説しておくと一枠のヘンタイブチョー・岡本は、ある有名洋酒メーカー勤務で雑魚釣り隊釣り部部長。どこへ釣りに行くのでもルアーしかやらず常に独自の道をいっている変種。

二枠二番のイカノプリンスは近藤コンちゃんのことで、この人はイカが好きでイカが好きで自分がイカになってしまいたい、とまで思っている。事実イカを釣らせたらこの人の右に出る者はない。同じ枠に入っている三番のデイスイベンゴシは、いつも我々の本拠地新宿三丁目界隈を泥酔してフラフラ歩いている。釣り技術は途上国レベルだが、フラフラして今にも落ちそうになりながら落ちずに船から竿を出すズブイところがややクロウト受けしている。表を見てわかるようにこの二人の枠には本命マーク◎がふたつもついている。

三枠四番のワンフグサンライズは橋口太陽。明るく一途な好青年なのだが、なぜか常に恋人に怒られており、その反発からの上がり馬具合が期待されている。同じ枠の五番シンコンラブリーは雑魚釣り隊最年少の京セラ。つい最近結婚し、新妻と常にラブラブなので四六時中チャカついているが甘いカイバを毎日食べているので毛づやがいい。明暗ある枠だが意外性が唯一の特徴。

四枠六番のウメノロックはザコのこと。ミュージシャンでよく自分のステージをもつが、私生活ではウメノという愛娘が今のところ彼の人生の全て。それと組む七番の古馬アブラクワセロはとにかく油っぽい食い物が大好きな宍戸。それをエネルギーに随一の決め手がある――との下馬評。以前台湾遠征のときは時間切れ寸前に見事近海マグロをぶっこ抜いた。

五枠八番のモモコノユメはこの連載の世話人ケンタロウのことでモモコは愛娘の名。気合が乗ると逆上してどこへ走っていくかわからない。九番のホソメドナイデッカは関西の厩舎からヨレヨレ状態で加わったヤブちゃん。細い目が特徴で、前しか見ないまま突っ走り何がなにやらわからないうちに船に乗った。

イカ太郎の二枠が人気

さて予想だが、スポーツ新聞みたいに「雑魚釣りステークス」という馬柱を作った西澤の本命は二枠のイカノプリンスとデイスイベンゴシ。対抗の一枠ヘンタイブチョーは、このところ一人で釣りに行き、ミヨシ（舳先）に立ってルアーを振り回しヤル気十分。穴を五枠のモモコノユメとホソメドナイデッカに。この連載の世話人を担当しているケンタロウはいつのまにか釣りにのめり込み、暇さえあれば海に出ている。

おれも予想をたてねばならない。

本命はアブラクワセロの四枠にした。馬格もよく油をよく食べるのでラインのすべりがいい。いざというときのヒキのよさにかけた。対抗は太陽と京セラ。このところ恋人との関係がギクシャクしている太陽とラブラブの京セラとは正反対で非常にアンバランスな危険枠だが、もしやに賭けたのだ。穴はヘンタイブチョーの一枠につけた。関西の三本川は実績抜群のイカノプリンスが入っている二枠に本命をつけ、これで唯一◎◎の並ぶ人気枠となった。対抗にアブラクワセロ、穴にヘンタイブチョー。一枠は○▲▲がついた。

こういう予想がたてられているのを釣り人は誰も知らないし、どの枠が何を狙ってどこの船宿から出たのかも知らない。メール等でそれぞれの状況を勝手に連絡しあうのも禁じられた。

各釣り船一斉にスタート

〔一枠一番ヘンタイブチョー・岡本〕

クロウト筋からまんべんなく注目を集めていたというヘンタイブチョーこと私は、企画を聞いたとき「旬のサワラしかない」と即断した。なじみとなっている茨城県波崎の征海丸に乗り込んで六時半に出船。釣り座はミヨシから二番目。この釣りはドテラ流しでジグをキャストしての斜め引きがセオリーだから悪くない。
犬吠沖の沈船上五十メートルのポイントからスタート。一時間ほど流したあたりで私と真後ろで同時ヒット。船長が後ろのほうからタモ入れにかかったので、一本目のサワラはゴボウ抜きで自分であげました。ジグはマサムネ・シルバーの155グラムにがまかつのシングルフック2／0でした。さらにやや南よりの海域でもう一本。十九人乗っているなかでサワラ二匹の釣果は一応サオガシラでした。

〔二枠二番イカノプリンス・近藤〕
最初、わたしが考えたのは普段の雑魚釣り隊ではなかなかやれない釣りでした。道具や技術がかなりないと難しい釣りですね。キンメダイやアカムツを考えていました。ところがわたしと組みたいというのがヨッパライのシンヤと聞いて彼でも釣れそうな、得意のイカ路線にしました。そこで出はじめたばかりのマルイカに狙いを変えました。出船は千葉県小湊・寿々木丸。マルイカはいいときで三十杯ぐらい釣れていましたが、いかんせん季節ははじまったばかり。船長の話もきいて厳しそうだったので、十杯に目標をさげました。

〔二枠三番デイスイベンゴシ・田中〕

朝の三時半に渋谷区初台でコンちゃんと待ち合わせました。タクシーがなかなか見当たらず歩いていくと南新宿のあたりで警官に呼びとめられました。

「ちょっと待って、止まって」警官はそう言いました。普段だったら「法令上の根拠は？」とか「任意ですよね」などと言いながらなかなか職務質問には応じないようにしているのですが、この日は待ち合わせ時間ギリギリになっている。そこで歩きながらの質問なら、と答えました。

「どこへむかっているの？」「釣りに行くところです」「釣りってこんな夜中に新宿で？」「クルマで行くんですよ」「どこへ釣りに行くの？」「海に」（決まってるだろう）「その荷物は釣り道具ですね」「そうですよ見ればわかるでしょ」「職業は？」「ベンゴシです」「ええ！　ほんと？」警官は本当に驚いているようだった。

五時すぎに小湊から出船。三十分ぐらいで最初のポイント。オモリは五十号。タナは八十〜九十メートル。この釣りはアタリをとるのが難しい。まだ季節が早いので船全体に声がない。そのなかでもコンちゃんはさすがに素早くあげていく。しかし十一杯が限度だった。他のクロウトっぽい釣り客も一〜二杯の人ばかりでコンちゃんがサオガシラでした。

フグ釣りの「ズシーン」がいい

〔三枠四番ワンフグサンライズ・太陽〕

何よりも京セラがぼくと組みたいと乗船を申し込んできたのがおどろきでしたが、まあぼくは隊員のなかでは若いほうだからくみしやすし、ということだったのでしょう。折角のご指名だから京セラも楽しめる釣り物を、と考えてショウサイフグにきめました。

船は千葉県大原の敷嶋丸。早朝三時に京セラをピックアップし、五時集合の船宿にクルマをとばしました。その間に京セラには初めてのフグ釣りについて話をしようと思ったのですが、京セラはずっと自分の妻の話ばかりしていてフグの話が入るスキがありません。まあ新婚早々だから仕方ないかと、ずっとそんな話を聞いてました。

〔三枠五番シンコンラブリー・京セラ加藤〕

太陽さんとは普段の雑魚釣りでもよく隣になるので今回も一緒の船にしてもらおう

と頼みました。フグ釣りは繊細らしいのでいい竿がほしかったのですが、最近結婚したばかりの妻はあまり物を買うのを許してくれません。今回も妻の許可がおりないと思いましたが前日に二人で恋愛映画を見に行って、いい雰囲気のまま釣り具屋さんに寄ったのがよかったようで、ぼくがじーっとそういう竿を見ていると妻が珍しく「その竿ほしいの?」と聞いてくれたので一番安いのを買うことができました。

〔再び太陽のメモ〕

いざ出船となり、ポイントまでは三十分。ぼくがフグ釣りが好きなのは、カットウバリにフグが掛かった瞬間の「ズシーン」が好きなのです。アジのようにグイグイ引くのも楽しいですしサバのようにビャンビャン走るのも好きですが、フグのあの「ズシーン」の嬉しい感触はほかにありません。その日は乗船した釣り人全員よく釣れたようで船内は賑わっていました。京セラもすぐにコツをつかみちゃんと戦力になっています。そして終了のとき、ぼくも京セラも同じ三十八匹。あわせて七十六匹ですが同じ船のなかではトリキメの定量八十匹をひとりで釣っている人もいました。まあ今夜のおかずには我々の七十六匹あれば間に合うだろうという安心感をもちました。

シシド一気の追い込み

〈四枠六番ウメノロック・ザコ〉

大原の加幸丸に午前四時三十分、宍戸さんと到着。支度をしてすぐに乗り込みました。宍戸さんが調べたのですがこの加幸丸はマハタを専門に狙っている珍しい釣り船。そう。宍戸さんは一発勝負の大物狙いに走っていたのです。

今回マハタを狙ってくるよと仲間の釣り好きに言うと「アレ、本当に釣れないよ」「アタリも何もないよ。なんにもないよ」「吉幾三の歌ぐらい嫌になるからね」（おらこんな村イヤだ……）などとさんざん聞かされていました。

三十分ぐらいでポイントに。ヒラメ仕掛けをヘビーにしたようなシンプルな仕掛けに生きているイワシをつけて二十五〜四十メートルのタナを泳がせる。はたして釣れるのだろうか。

〈四枠七番アブラクワセロ・宍戸〉

ポイントにつくあいだ隣にいるかなり慣れているかんじのおっさんに状況を聞く。

「ほとんど釣れないよ。船のなかの誰かに一匹あがればいいほうじゃないか」などと気の滅入る話を聞きながら仕掛けをつくる。

釣りポイントに着いて船長さんの民謡か演歌のような「アガッテいくかんねぇぇ」という声を聞きながら「サガッテいくかんねぇぇぇ。オマツリ気をつけてねぇぇぇ」という声を聞きながら三時間ぐらい仕掛けを入れたり回収したり流したり。昨夜遅くまで宴会があってあまり寝ていなかったのでもうこれはだめか、と半分ねむっていたようなときにいきなりぐいっときた。隣のザコが気がついたようで「宍戸さん来てるよ来てるよ！」とコウフンしている。あげてみるとマハタだった。二・六キロ。「うわわわあ、やったあ。優勝だ優勝だ」とにかくザコがコーフンしている。

〔五枠八番モモコノユメ・ケンタロウ〕

企画が成立した段階では私は一人で大物狙いのマダイを考えていましたが、直前に関西勢のリーダー・細目のヤブちゃんが「おれもまぜてほしいんや」と言ってきたので私の枠にいれました。ヤブちゃんは雑魚釣りキャンプにいつもわざわざ関西からやってきて出席率抜群なので、ここはヤブちゃんにも楽しめるだろうヒラメ狙いにかえました。千葉県飯岡の清勝丸はけっこう混んでいましたが左舷のミヨシから二番目三

超高級魚のマハタ。宍戸は今回も抜群の決め手を発揮した

番目の釣り座を確保。四十分ほど走ってポイントとなりました。水深二十メートル。エサは生きているイワシ。

〔五枠九番ホソメドナイデッカ・薮内〕

船に乗ってポイントにつくまでケンタロウくんは何を狙うのか教えてくれなかった。いよいよということになってヒラメを狙うと聞いて「これはあかん」と思った。だってヒラメでっせ。高級魚やん。でも一時間ぐらいしてケンタロウくんが本当にヒラメを釣りあげたので、いっぺんに頭に血が上ってそれから竿ふりまわして……。

その逆上ヤブちゃんにヒラメ二匹、ケンタロウは四匹。というのが五枠の釣果だった。

コレけっこういいセンいくんじゃないだろうか。ケンタロウひそかにほくそ笑む。

緊張とコーフンのパドック

約束の午後三時になると遅れる者なく〝釣り馬〟らはみんな合宿の場に集まってき

た。それぞれクルマからクーラーボックスをひっぱりだしてくる。雑魚釣り隊の観客兼予想屋がずらりと待ちかまえている。誰がどこへ行って何を釣ってきたか、ということは何も知らされていない。準備よく西澤がスマホで競馬のファンファーレを流す。

大勢の観客（おれたちのことね）の前を一枠から順にクーラーボックスを持ってひとまわりすることになる。まあパドックというわけだが競馬とちがってもう結果はクーラーボックスの中にある。しかしその獲物の内容についてはまだ誰も知らないわけだからどうもいろいろ対応が難しい。大きなクーラーボックスを前と後ろで持っていかにも重そうに歩いてくる組。クーラーボックスの大きさは同じぐらいだがわざとらしく軽く見せようとしているやつ。どういう根拠と作戦なのかわからないが、まあみんな無邪気に楽しんでいる。やがてファンファーレとともに各自のクーラーボックスが一斉にスタート！　じゃなかった一斉に開けられた。

ここでいろんなことがいちどきにあきらかになるのだが、その騎手じゃなかった釣り人とのいろいろ滑稽なやりとりを書いていくスペースがもうない。

いきなり結果といこう。

まず穴人気の高かった岡本ブチョーはメーター級のサワラ二本、ワラサ一本。

二枠のコンはマルイカ十一杯、ベンゴシゼロ。三枠の太陽と京セラはショウサイフグをともに三十八匹。

四枠のアブラクワセロの宍戸が見事なマハタ一匹。でかくて立派だ。ザコはどこかで買ってきたサケの切り身七ケ。五枠のケンタロウがヒラメ四、ヤブがヒラメ二。以上の釣果から協議の結果、一位は大物をしとめた宍戸の四枠、二位はフグ大漁の三枠となった。枠番連勝複式をみごとあてたのが隊長のおれであった。わははは。みんなカネだせ、じゃなかった獲物だせ、というわけでその夜の酒宴の豪華ぶりといったらとても書ききれない。

捕獲してきた獲物はみんなで手分けしてどんどんさばき、最初にテーブルに置かれたのはサワラ、ワラサ、マハタ、ヒラメ、フグの大皿山盛りの刺し身。みんな新鮮この上ないからうまいのなんの。続いてイカのユッケ。フグの唐揚げ。カマ焼き、マハタの煮つけ。ザコ特製の各種魚入りの贅沢鍋。にぎり寿司などであった。

連載50回を記念した「雑魚釣りステークス」釣果はこれだ!!

白熱する予想屋たち

【左上から時計回りに】マルイカのユッケ、サワラの炙り、フグの唐揚げ、ザコ渾身のにぎり寿司。ビールがすすんでしょうがない！

金属の贋エサに噛みつくシーバス「バカ説」

あこがれの変態部長

雑魚釣り隊には「釣り部」という隊内セクションがある。もともと釣りをやるための親父群団なのだから、そうなると親亀の上の子亀のようなものになってくるが、三十人以上いるメンバーのなかには「海」とか「船」とか「魚」とかそもそも「釣り」などどうでもいい、という人々もいるから「釣り」が大好きなグループがいてもいいわけだ。

その釣り部の部長、岡本はヘンタイ部長とも呼ばれている。でも合成化学物質でつくられた裸少女の人形を集めたり、エスカレーターの下で手鏡持って女子高生を待ちかまえたりしているヘンタイではなく、おれたちが沖釣りに出るとき、必ず釣り船の舳先に立ってルアーの釣り竿を一心不乱に振り回している姿が威容かつ異様な迫力に満ちたオーラを発しているヘンタイだ。

ほかの者が小魚やイカの切り身やうぞうぞぐねぐね蠢《うごめ》いている手足の多すぎるイソメやゴカイなんかをハリにつけては、魚にエサだけとられてもとられても必死になって同じことをしているのと比べると、岡本部長のそれは非常にスマートでカッコいい。

　そうして生き餌を使わずになにか怪しくキラキラしている金属製のおもちゃの魚のようなもので一メートルぐらいの有名高級魚をドンドン釣りあげてしまうのだから、隊員の多くは羨望のまなざしだ。

　とくにおれはまあ成り行きで雑魚釣り隊の隊長と言われているのに、もっとも効率のいい万能エサと言われているイソメやゴカイをハリにつけるのがキモチ悪くて嫌でしかたがない。近くに暇なドレイなどがいるとそいつを「三太夫」と呼んでわが仕掛けにイソメをつけさせ、それから竿を出す。何か釣れたら三太夫に魚をハリからはずさせまたエサをつけさせる、というオートマチックなバカ殿様釣りなどをしてまったく威厳というものがない。

　そこで生き餌など使わずに舳先でルアー竿を振り回している岡本部長を以前からチラリと見てはずっと憧れていたのである。自分もああいうヒトになりたい。そうして気持ち悪いイソメどもから解放されたい。

　そこで次の釣りでは「まろも、あのような〝るああ釣り〟なるものを、ヒト太刀じゃなかったヒト竿ふりまわしてみたい」などとケンタロウに懇願していたのだ。

　このごろめきめき釣りの腕をあげ釣り魚情報の収集なども迅速かつ正確になってい

るケンタロウは、さっそくバカ殿様の期待にそえる釣りの舞台をこしらえてくれた。
場所は横浜沖。狙いはスズキ。通称シーバスと呼ばれている闘魂肉食魚だ。

ルアー釣りとなるといつもの漁船タイプの船ではなくスマートで先鋭的な形をしたプレジャーボートみたいなものに乗るので、ボートに乗るのは岡本をリーダーにこのところココ一発で常に大物を釣りあげている宍戸。そしてエースの海仁、万能釣り師のコンちゃん。さらにハズレのないザコ、それにバカ殿様のまろの六人が乗ることになり、他のメンバー十二人はやはり神奈川のどこかの堤防の陸《おか》っぱりで本命の雑魚釣りに精を出すことになった。

ルアーのお勉強

前日から関東地方は雨だった。四月は週末になると必ず低気圧がやってきて膨らみだしたサクラのつぼみもそいつをひらく準備をしたりやめたり。会社の総務部長は花見の予定日がうまくつかめず、天気図を見たりサクラ開花情報を聞いたり窓の外を見たり見なかったり。

船つき場にむかう道すがら、おれは海仁にルアーについていろいろ基本的な質問をしていた。

「まずルアーとは何か、というところから知りたいんだ」

「ルアー（LURE）のもとは英語の〝誘う〟という意味です。通常は金属なり木なりプラスチックなりにハリがついたもので魚の気をひき、エサのふりをさせて嚙みつかせています。魚の形をしていないキラキラ光る金属片を使うこともあります」

「へえー。そんなんであの岡本部長なんか、でかいカンパチを釣ったりしているのかい？　だって金属の疑似魚だろ。魚っていうのは相当バカなんだなあ」

「いや、ただそういうものを水の中に落としてもそう簡単には食いつきません。いかにもうまそうな生きた魚やエサのように見せる竿さばきや、狙う魚によるルアーの選択なんかも関係します」

「どんなルアーがうまそうに見えるのかなあ。岡本部長の仕掛け入れなんか覗くといろんな形、色をしたのがぎっしり入っているよな。キラキラしたのが多い。イケブクロのネオン街みたいだ」

「いろんな魚がいて、いろんな好みがあるからでしょう。ある種の魚にとってはそれが魅力的に見えるんです。キラキラしたプロペラみたいなのをつけているルアーもあります。そういう好みは魚に聞いてみなければわかりませんが」

「ギンザのクラブなんかにいるヒラヒラドレスのお姉ちゃんにどこか似ているようなところもあるなあ」

「銀座のお姉ちゃんはプロペラを回していないでしょう?」

「だあらね。そういう話じゃなくて」

酒を一切飲まない海仁は陸上でも海上でも常に真面目一辺倒だ。

「きみとか岡本部長なんかがよく口にしているけれど、メタルジグってなんなんだ?」

「メタルは文字通り金属で、ジグの語源はおおもとをさかのぼればスコットランドやアイルランドの民族的な舞曲です。バロックでもよくモチーフにされました。バッハの〝ジーグ〟もそのひとつです。上下に激しく動く特徴的な踊りかたからルアーの名前になったといいます」

「ふーん。キミは百科事典みたいなヒトだなあ。釣りなんかさせておくのは勿体ない」

「いや、いつでもずっと釣りをしていたいです」

そのような学習会話をしているうちにクルマは横浜、新山下のアイランドクルーズに到着した。雨が降っている。強くなったり弱くなったり。

陸っぱり隊の張り込み

その日、昼近くの集合でいい、ということになっていたルアー釣り以外の十二人は密かに我々と同じ時間に同じ場所に集合して対岸に身を隠し、我々の動向をじっと窺っていたらしい。何のためなのかわからないが、念がいっているのはクルマの中から張り込みのようにして天文ファンの三嶋が持ってきた十二倍の望遠レンズで我々の出航の様子を窺っていたようなのだ。

理由はあとできいてわかった。雑魚釣り隊をはじめたのは十二年ほど前だったからおれも今より十二歳若く、十年間ぐらいは多少の無理や厳しさは難なく乗り越えてきた。それまでの長い年月のあいだ外国でもっとすんごい体験をしてきた、ということもあるからなあ。しかし、最近はモノゴトに少し達観してきて（いや嘘だ。歳のためにいろいろモノゴトが面倒になってきて）、同時にバカ殿様化しているということでわかるようにワガママになってきている。

「何もこんなに雨が降っているのに船で沖に出ていくこともないじゃないか。釣りは君たちにまかせてわしはちょっと足を延ばして湯河原あたりに行って雨見の温泉などに入ってイッパイやって待っているから」

などと言いだしかねない、というコトが自分でもわかってきている。そうなるとこの記事の内容はどうなるのか。担当のケンタロウはそのことを心配していたのだった。まず我々が船に乗って出航さえすれば何も釣れなくてもルアー入門記というのは成立する。そういうコトを考えて偵察ラインを張っていたのだった。

陸っぱり隊はおれたちが予定通り出航したのを見届けたあと、堤防釣りで人気があるという湯河原の福浦漁港にむかった。

そしておれたちを乗せたボートはかなりのパワーの船外機を高速回転させ、雨のなかを突っ走る。スピードが出るからむきだしの甲板には殆ど横方向に雨が走っていく。海はあまりきれいとはいえなかった。やはり横浜の海なのだ。三十分ほど走ると最初のポイントについた。すでにルアーの仕掛けも竿も準備できていて、船長が魚群探知機を見てナニゴトか言う。

あたりはどうやら原油のパイプラインが伸びているらしく、普段の船釣りとちがってなんだか薄暗い背景だ。

「スズキはこういうバース周りや運河周りのストラクチャー（障害物周り）での釣りが多いんですよ」

隊長の直前逃亡もなく、ルアー部隊は横浜沖へ出撃！

コンちゃんが説明してくれる。彼の説明はやはり長年の専門仕事（雑誌『つり丸』の編集者）が下地にあるからだろう。ふだんの会話で出てこない用語でずんずん語るのでバカ殿は焦る。海のなかにいろんな建造物があったほうが小魚がそこに集まるのでそれを狙ってやってくるシーバス釣りのいいポイントになる、と言っているようだった。なるほど竿をいれて三秒とかからないうちに海仁に六十センチぐらいのシーバスがヒット。早い早い。

おれのミチイトの先端にあるルアーが海底に届くか届かないかぐらいの瞬間技だった。釣り方はルアーを海底に落とし、そのまま巻いてくるだけでいいらしい。生き餌の釣りのようにイトを微妙に上下させたり、アタリを招きいれたりする必要はないといい、簡単といえば簡単。でも簡単に見える動作の釣りほど技量がモノをいう、ということをおれだって長年やっていて知っている。

続いて部長が。そしてザコ、宍戸が次々にあげていく。けっこう大きいのがあがっている。しかしあまり大きいのはまずいようだ。

もともとこの釣りは淡水のブラックバスのように引き味やかけひきを楽しむという側面もあるようで、あまり大きなやつは食ってもうまくないのでリリースするという。しかし琵琶湖のブラックバスをはじめとしたこのキャッチアンドリリースという釣りに、おれはいささかの疑問と抵抗感を持っている。

そのようなゲームフィッシングは、おれがいままで見てきたいろんな国であまり目にしなかった釣り方で、なんだか虚しさが残る。もっともおれはリリースするどころかいまだに何も釣れていない。

これはルアーの種類がいけないのだろう、と思って岡本部長に「プロペラルアーはないですか」と聞いた。

「えっ、なんですか?」

部長には通じなかったようだ。残念、それさえあればこのあたりをよたついて泳いでいるシーバスを根こそぎ釣りあげてしまうというのに。しかしまた雨が強くなってきた。

賞金制度の取り入れ

陸っぱり組は隊長がイソメから逃げたので、サビキや他のエサ釣りはご法度にし、胴付きやチョイ投げのハリにたっぷりとぐにゃぐにゃのイソメを刺し込んで、雨の堤防に並んだ。

もっともそこに至るまで若干の日和見会話があったようだ。

雨がきびしく、普段は大勢の釣り人が並ぶというその堤防に先客は二組しかいない。これはよほど釣れないのだろうと連中は近くの釣り具屋に行って話を聞いた。

堤防ではいまは釣れない、という回答があったら湯河原温泉方面に逃げるというユーワク的な意見もけっこうあったようなのだ。とくに今回はゴハンをドンブリにテンコ盛りにして食うのが好きな「マンガ盛り君」と異名のつく天野と、めしを何杯も連続おかわりしてお釜のなかのゴハンをほとんど食いつくす「白めしおかわり君」と呼ばれる似田貝がいる。

まだみんな満足に朝飯を食ってもいなかったので、釣り具屋の親父が「今日はダメだ」と言ったらすぐに「じゃ今日は温泉でゴハンだ」と言おうとしていたらしい。その試し打ちみたいにして似田貝が「おじさん、ここらにおいしいゴハン食べさせてくれる店ありますか。魚なんかをおかずに」などと聞いた。

「なに言ってるの。まだ早朝だし定食屋もあいていないよ。あんたら釣りにきたんでしょ、早く行っていい魚釣ってそれを今夜のめしのおかずにしたらいいじゃないの。こんな雨、サカナには関係ないよ。いっぱい釣れるよ」

こうなるともう覚悟するしかない。しかし実際に竿を出してみると最初からほぼ全員根がかりという前途《ぜんと》暗澹《あんたん》たる状態となった。

堤防の下は水深三メートルぐらい。あんがい澄んでいるが魚のカゲはまるでない。

このままでは全滅、と思ったケンタロウは、

「雑魚でもなんでもいい、最初に釣ったヒトはみんなから五百円ずつ貰えることにしよう」

釣れなくてみんな気が弛《ゆる》んできているときに雑魚釣り隊がよくやる作戦だ。

それをきいて全員いくらか気合が入る。雑魚でも一匹六千円の懸賞だ。最初にヒキがあって「やった!」と言って竿をあげたのは言いだしっぺのケンタロウだった。し

大雨の中、陸っぱり隊はルアーじゃなくてイソメで魚を狙う

かしあがってきたのは小さな小さなサザエだった。

最初に釣れたのがサザエでも賞金五百円オールとなるのか、ということで激しい議論になった。

「サザエは魚じゃないから、原則的にそれはダメでしょ」という太陽の落ちついた言葉でケンタロウ以外の者は意見一致。そのスキに「こんなの釣れました」といって京セラが竿先に小さなメゴチをぶらさげて現れた。

雑魚釣り隊にドレイとして拾われた京セラはそれが縁で恋人ができ、さっさと結婚し、以来いろんなツキに恵まれているらしい。

その頃、沖のルアー部隊は順調に六十〜

七十センチクラスのシーバスを釣りあげていた。驚いたことにおれにも釣れていた。小さな四十五～五十センチクラスのセイゴ（スズキのひとつ手前）が三匹。同じタイミングで岡本が八十センチぐらいの太った怪物みたいのをあげていた。

しかしこれは食ってもまずいです、と船長が言い、そのままリリース。いやはやルアーの世界はいったん釣れ出すと面白い、ということがわかってきた。

ありゃりゃ、もう話を続ける誌面のスペースがなくなってきた。食うのにちょうどいい大きさのスズキだけ持って港に帰ることになった。

「どうでしたか。初のルアー体験は？」岡本部長が聞く。

「エサなしで釣る、ということがとにかく新鮮で素晴らしいですなあ。今度はプロペラルアーをやらせてください」

「研究開発しときます」

岡本部長が答えた。

その日は以前にも泊まったことがある古めかしいが炊事施設のキチンとした民間経営のコテージに泊まる。料理はプロのザコがいるからゴーカ夕食になるのは間違いない。

スズキは高級魚であり、白身が美しい。たっぷり厚みのある刺し身は肉食魚だけあって歯ざわりがシャキシャキして「うんめえーえ」という叫び声が破裂する。それからザコ特製のシーバスカレーが信じられないほどうまく、マンガ盛り君＝天野と白めしおかわり君＝似田貝が「フッハフッハ！」と言いながら向かいあって無言の迫力対決をしていた。ごはんをエサにすればこの二人を釣ることもできそうだ。

椎名隊長もサイズは小さいが三匹釣った

ケンタロウよ、どうやったらサザエなんかが釣れるのか

妻に続き賞金までもゲットした京セラ

八十センチオーバーのシーバス。さすがヘンタイ部長

雨で冷え切った体も、
酒を飲めばたちまち
あったまる！

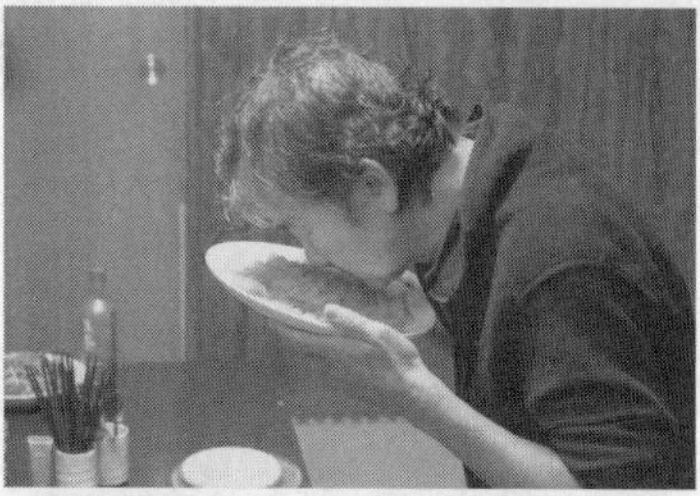

スズキは高級魚。個体
を選べば東京湾で釣れ
たものだって臭みもな
く旨いのだ

おれたちは静岡超ＡＡＡ級キャンプ地に帰ってきた

おれらの開幕戦だ

さていよいよ雑魚釣り隊にもシーズン到来となってきた。プロ野球は開幕たちまち交流戦となり、サッカーも白熱し、相撲は新大関誕生だ。プロレスはどうなってんのか最近よくわからないが、とにかくおれたちは週末が近づくと落ちつかなくなっている。

冬場や天気状況が悪いときは堤防で釣っても面白くないから、釣り部隊が船に乗って年中無休で泳いでいる筈のブランド魚を狙って遠洋漁業に出る（とかっこつけているが乗合い釣り船だから日帰りだが）。船に乗らない者は海岸ちかくのコテージなどでこたつにはいり遠い海鳴りなんかを聞いていたのだった。

しかしこれからは雑魚釣り隊の本来である堤防に散開し、各自好きな釣りを好きなだけやる、という本来の姿に戻るのだ。

シーズン開幕の週末は快晴。暑いくらいだった。場所は数年前に竹田が偶然みつけた静岡県沼津のとある海岸（荒らされると嫌なので土地名はヒミツ）である。

ここは広い砂浜が続き、狩野川から流れてくる夥《おびただ》しい数の流木がいったん駿河湾にひろがって流れ着くから何時いっても流木豊富。その流木も川の激流にメタメタにもまれ、駿河湾の荒波がなめらかな表面にしてくれた超一級の芸術仕上げ。そのまま帝国ホテルのロビーに持っていって積み重ねれば「波濤の歓び」などという名がつけられて、国内外の人々がとりかこみうっとり眺めるという逸品だ。だから「酪木海岸」などととりあえず書いておく。

海浜キャンプを待ちきれなかった六人が前日入りしていた。みんなクルマでやってくる。到着順に天野、竹田、岡本、太陽、あつを、内海、という顔ぶれだ。彼らはまずはタープを張ってカマドをこしらえ流木タキギをとりあえず集める。と言ってもまずはその日一晩すごせればいい程度の量だ。しかし焚き火好きの岡本は「もういいでしょうよ」とみんなが言うのにセッセと集め続け、やがて彼はここに「流木の家」なんてものを作るつもりらしいとまわりの者は見当をつけていた。

風はさやさや。夕日も美しいが、その日はほかにやることもないから飲み放題。腹へった奴が何か作りだすというていつものものやつになった。

その日は太陽とあつをがゴソゴソやりだしたので「そんなら全員のを作れ」とドレイ頭の竹田がただちに方針をきめる。

で、そのあと数分して出てきたヤキソバがじつにハンゴロシ的にまずかったらしい。「これは何かの家畜の飼料のレシピから作ったものなんだね」とそのあとが怖い竹田の優しい声。

二人は味のポイントにパクチーとソースとビールを入れて焼いた。ビールをカンビール半分ほども入れたので水分がまるでトバず、べちょべちょになっていたらしい。

「まずい、まずい！」と全員モンク言いつつ、でも全部食ってしまうところが悲しい。

いっぽう同じ夜に、ザコとマキエイはキャンプ地から一時間ほど離れた戸田《へだ》から二十二時出船というイカ釣り船に乗っていた。マキエイはふだんはアラスカに住んでいるが年に数回日本に帰り、かならず雑魚釣りキャンプに参加する。

今回もキャンプのチーフコックとなるザコは、今よく釣れていると新聞に書いてあるムギイカ（スルメイカの子供）を夜釣りで沢山釣っておこうと考えていた。アラスカから帰国したばかりのマキエイがそのイカ釣りに誘われたわけだ。「イカなんか釣るのはじめてだぞ」マキエイは言った。「アラスカではイカっていうとチューブで売っているんだよ」

「チューブ？」

「イカの体内、つまり内臓やら足やらぜんぶ抜いてしまって中身をからっぽにしたやつを売っているんだよ」

「なんのために？」

「アラスカみたいな大雑把なところはそれでいいんだよ」

「意味わかんないな。じゃあまあ日本のイカ釣りをよく観察しろよ」

ザコの意見に説得力があった。

西澤の老人いたわり精神

一方、前日からの焚き火の煙が朝の風に弱々しくヒュルヒュルなびく銘木タキギ海岸では、前日入りの六人が果てしない無駄な酒宴によって全員そこらに倒れていた。まだキャンプに慣れないあつをなどは夜更けにテント張ります、と準備にかかったが、酔っているのとまだ慣れていないテント張りの順番がわからず仕方がないのでポールをたてるのをやめて地面に広げたテントの中にもぐり込んで寝たという。

前日入りした六人が小型のハリケーンに襲われた後みたいなありさまで醜態をさらしている頃、本隊は新宿に早朝六時に集合、大物となる荷物を積み込み、キビキビとキャンプ地にむかう準備をしていた。この日は東京も朝からひさしぶりにTシャツ一枚で十分という好天だった。

この頃はおれの家の近くに住む西澤がやってきてくれる。関東一円ぐらいなら彼がおれのピックアップトラックの往復運転をしてくれるのだ。最近高齢者の運転ミスが言われており、日夜お疲れでしょうから運転のお手伝いをしましょうと言ってくれているのだ。まだ自分の運転に不都合を感じたことはないが、西澤の好意に甘んじることにした。

ギリギリまで寝ていてどうにか歩いて後部座席に乗って寝てしまう。その他の荷物は西澤が全部やってくれるから寝床から霊柩車内までとどこおりなく安置されるのはこんな気分なのだろうな、と彼の老人いたわりの精神に感謝する。たちまち二時間の朝の惰眠のシアワセだ。

その日、本隊はキャンプ地に寄っても牛豚飼料のヤキソバしかないとの連絡を受けているから全員、そのまま当初目的の堤防に集結した。そこは「陸《おか》っぱりの聖地」と言われている広い堤防でファミリーから親父から子供までいろんなやりかたでいろんな種類の魚を狙えるという。

午前八時。へべレケ先乗り隊がほぼ全員海浜ゾンビと化して複雑に揺れながら集まってくる。「おはようございます。特別にヒツジさんの好きなヤキソバはいかがれすか。できたてじゃないけどなぜなんだか沢山余っていて誰でも食えれれ、アレ食えれます。アレ?」あつをのロレツはまだ完全に回っていない。

「こりゃあなんだ。まちがってこんなのを小魚の撒き餌にしちゃったら、ここらの元気いっぱいの雑魚の集団中毒死が新聞に出まっせ」

めずらしい怪物カギイカ

船釣りのイカ隊が帰ってきた。やつらは少しはましで三十パイほどの活きのいいムギイカがクーラーせましと入っている。

ザコがモンスター級のイカを釣ったという。かなり大きいやつで足がタコのように長い、というから半端じゃない。それに面妖なのは長い足に等分に鋭い鉤《かぎ》が並んでいることだった。

これまで釣ったいろんな魚は、見ただけでうまそうだな、というのがよくわかる。グロテスクで油断のならない目をしてこちらを睨み、ときどき硫酸入りの火を吹く乱暴なやつだけど食うとトロケルうまさなんだなあこれが、などという話は聞いたことがない。

こんな怪物にお目にかかりイカ釣りはじめてのマキエイは逆上したのか、隣でずっといいカタを釣っていた名人の釣り方法を見よう見まねでやっているうちに自分の仕掛けを竿先にそっくり巻き込んで竿を折ってしまった。温厚なザコは即座にゆるしてくれたがその竿はザコの最近の道具の中でも特に逸品だったという。

ともあれ二人で三十パイも釣れれば今夜の我々の夕食のメーンは確保された。

堤防まわりは水が綺麗で沢山のオサカナが群れているのがよく見える。しかしそれは関東の誇る雑魚中の雑魚。ネンブツダイとスズメダイだ。スズメダイは釣れるとすぐ捨てられるが、いぜんおれたちが済州島に遠征したときはこれが韓国人の好物で市場などに山盛りにしてあったから「食」や「好み」の境界線というのがじつはいろいろわからない。

済州島までいかなくても日本の九州あたりではこれを「あぶってかも」と呼び、干物にしてその名のとおり炙っていつまでもおいしくカジカジするという。

おれたちはひさしぶりにサビキ仕掛け(疑似餌のついた数本のハリとミチイトに小魚が好きなコマセとなるオキアミをいっぱいいれたフクロを付けた仕掛け)を落とし、「さあおいしいごはんだぞう。むらがれええ……」とよびかける。するとまず最初にネンブツダイがネンブツ唱えながらわあっとあつまってくるのだ。ブドウのように仕

ザコが釣ったカギイカ。船長曰く「すっぱいか辛いかしょっぱいか。煮ても焼いても食えねえぞ」とのことですぐさまリリース

マキエイは人生初のイカ釣りに夜通し大興奮

掛けられた五〜六つのハリにみんなどんどん食いついてくる。

ちがうよオおまーらじゃないんだよお。おじさんが狙っているのはそのおまーらの下のほうにいるもうすこし形と大きさのいい食える魚なんだからすこしは遠慮しろよ。

と、言っても念仏語と人間語ではなかなか理解しあえない。

突撃肉弾作戦は中止

「竹田（なんでも言われたことはやる）。それから国体にバタフライで出場したことのある太陽。おまーらこの堤防の下に飛び込んでいき、あいつらをたちまち一斉排除するように。二人ともすぐさまパンツひとつになるように」おれは言った。

この二人はそう言われると何の疑問もなくすぐに飛び込む習性がある。

しかしそのときケンタロウがおれのそばにきて「ネンブツダイをいじめるとまもなく自分が念仏を唱えられるようになるといいますよ」と言った。「ここらの漁村一帯の言い伝えらしいです」

竹田と太陽のバカ二人は堤防の端にたって、

「キミは左から、ぼくは右から攻めていきます。テキの数は多いがおれたちの体のほうがはるかに大きいから二十分も手足ふりまわしていればやつら散っていくでしょう」

などといっぱしに作戦会議などをひらいている。

しかしみまわすとさして遠くないところに堤防釣りを楽しんでいるファミリーの姿がたくさんみえる。なんであっても公共の場でおじさんがあまり目立つことをしないほうがいいようだ。

とりあえず釣果の証拠としてどっさり確保してあったクーラーボックスのネンブツダイ、スズメダイを全部海に戻し、我々は銘木焚き火浜に戻った。後発のクルマがよく冷えたタカラのカンチューハイを持ってきたのだ。

ここにいたって今回の参加者十五名は全員集まったことになる。

ザコがスーパーで水ですぐにもどせるモリソバを大量に仕入れてきているので、今日の少し遅い昼飯はわしらのもはや夏場の必須メニューとなった「死に辛ヒハヒハ悶絶そば」だった。大量のラー油にタバスコ、カンズリ、パラグアイの即席ワニゴロシ粉末、粉トウガラシのなかに一晩いれておいたコモドロリバダビアの半微生物半狂乱トゲバリカキマワシ虫八十匹が、大きなボウルの中で邪悪色化した赤ゴケミドリ色になってもう辛抱ならずフツフツ勝手に躍り上がっている。

さあこれを好きなだけとったモリソバの上に好きなだけぶっかけるのだ。あまりにも辛くて喉がつまって危ないかもしれない、と感じた者はすぐにマグロの刺し身をかまずに口に放り込むこと。これはもうみんな慣れてきた。

そのあいだにも夜通し焚いている大焚き火のために岡本が若いドレイを動員してさらにたくさんタキギを集めている。丸太、平木、根っこ、複雑に枝分かれしてどんなふうに燃えるか見当のつかない楽しみな超幻術派流木。風はほぼとまっており今夜は月さえ出てきそうであった。あるていどの片付けや今夜の自分の寝床などを確保したものから焚き火のまわりにあつまり、みんなカンチューハイを用意した。

関西組代表のヤブちゃんが立ち上がり、つい先月同じく関西からいつも通ってきたピスタチオ（松丸直希）が膵臓ガンで急死した経緯の説明をした。かれは物静かなデザイナーだった。

長いことこういう集団が存在していくと死別する者も出てくる。二〇一二年には創設期メンバーだった重鎮かつ酔っ払いの西川良がやはりガンで逝った。

そのあとに焚き火囲んでみんなで献杯。

二人とも焚き火を眺めているのが好きな奴だった。

雑魚釣り隊はそれから各自好きな酒をのみそのつど激しく入れ代わるいろんな話に

耳をかたむけているのがなかなか楽しい。

野外でハダカ火にあたっているといきなり誰かが逆上したり、いままで好きだったけど一度も話をしなかった女の話をする奴なんてのが出てくる。

「ああ。ありゃ修復不可能なくらいにフラれたな」などということがすぐわかるのである。

夕食は八時すぎに完成した。いい匂いがいままで一時間ぐらいあたりに流れていたのだ。

純正ムギイカカレーであるという。イカがカレーにあうだろうなあ、とはなんとなく想像がついたが、小ぶりのムギイカがワタごとカレーのなかに投じられているからコクがあるとのことだ。しかも雑魚釣り隊のつくるカレーはある程度のライセンスがないと食えないくらい辛い。

全員にいきわたったところで焚き火のまわりはにわかに静かになった。

しかし沈黙をやぶる声。

「おーい。これお代わりあるよなあ」

竹田だった。

久しぶりの海岸焚き火キャンプ！　雑魚釣り隊の季節がやってきた!!

堤防に並んで竿を出す。これぞ雑魚釣り隊本来の姿である

こちらも雑魚の王道・
スズメダイ

雑魚中の雑魚・ネンブ
ツダイの五重奏

雑魚釣り名物「死に辛そば」。「このタレは危険だぞ！」という西澤の警告を無視したマキエイはすかさずチューハイを手に取った

さばいたムギイカをワタと一緒に鍋に投入すれば超絶美味のムギイカカレー（右下）完成！カレーのお供のマグロの刺し身はもちろん市場で買った

さあ、でかいのもコマイのも釣ったもん勝ちじゃい

ヤブ蚊のように

長崎で講演をすることになった。長崎大学の熱帯医学研究所フィラリアNTD室が「大人の蚊学講座」というものを開催する。ぼくは昔から世界のいろんな蚊に刺されまくってきており、古今東西の「蚊」の立場のほうにも視点をもった諸文献やガラクタ伝聞等を集めた『蚊学ノ書』というあやしげな本を編纂したので、蚊の媒介する感染症などを真正面から研究するそのシンポジウムに招かれたようであった。招聘団体はたぶん講師の人選を間違えたのではないか、と会場に入ったときにすぐに思った。

広い階段教室に「蚊について真剣に研究しよう、したい」と思っている人々がいっぱいいる。そういう（たぶん）蚊をとことんまじめに研究している学術集会でぼくは「夏の北極のツンドラでね、まわりが黒く煙《けむ》るくらいに濃厚な蚊の集団に襲われているときは、パノックという無発酵パンの入った器の上にもどんどん蚊が落ちてきてピクピク表面で動いている。まあひとつの器にざっと二百匹。一匹一匹つまんでとっていられないので『動くフリカケだあ』と叫んでそのまま食ってしまうしかありません。

二週間で五千匹ぐらい食ったでしょう。でもぼくの体験では蚊はいくら食っても食ってもニンゲンは病気にはなりません。でもニンゲンが蚊に食われると一匹でも深刻な病気になる場合があります」なんてことをほざいていた。

他の講師はいま流行りのパソコンにまとめたコマカイ字や数字を見せてまるで大学のお勉強。あれ普段の授業でつかっている参考書をそのまま写しているんじゃあんめいか。老人なんかスクリーンの数字小さいしデータもよくわからないだろう。ぼくにもあまりに専門的すぎる。

打ち合わせ通り裏口に雑魚釣り隊の竹田とショカツが食い過ぎでふくらんだヤブ蚊のような顔を出した。お迎えでごんす、と言っているのだ。

今回はこのぼくの「蚊学講演」にあわせて雑魚釣り隊がどっと長崎の海べりに集結し、それぞれ狙う魚によって各方向に分かれ、いろんな釣りをするのだ。夕方近くに各自の獲物を持って宿泊設備のある崎野自然公園というところに集まってくる。釣るべき魚によって同じ長崎といっても広範囲にチームは分割し「われらこそは」といっつもの鼻息を荒くして散らばっているのだ。かれらのたったひとつの目標は「本日の夕食のおかずになるサカナを一匹でも多く釣りあげること」だった。

近頃、雑魚釣り隊の行動範囲はやたら全国各地にひろがっている。この日のようにぼくが仕事でどこかへ行き、そこから海が近いと、「ついでに」と言って十五人から二十人の隊員がヤブ蚊のように集まってくるのだ。ぼくがいたからといってなにか特別いいコトがおきるわけでもない。釣りの実力も暴れ者らを制する統率力もない。あるとしたら突如暴力的にわがままじじい化するぐらいのものなのだが、それがいい、という奴がいるのだ。

ぼくを迎えにきた竹田もその一人。ぼくより一回り大きい身長百八十五センチクラスの風来坊スポーツライターなのだがマージャンでぼくがそいつに振り込んでしまい、怒ってそいつのぶっとい腕をねじりあげると「あっ、痛いです。痛い痛い、でも勝ったんだから痛くてもいいす。もっとねじってねじって」と涙を流しているヘンタイだ。

迎えの二人がぼくを連れていってくれたのはいかにも蚊のいっぱいいそうな森の中腹。二階だてのバンガローと、その付録みたいにくっついているモンゴルのゲルそっくりの安普請《やすぶしん》テントだった。

「今回何人くるの?」

事前によろず世話人のケンタロウにきいたら両手の指をだして「えーっ、雑魚釣り隊釣り部として沖に出るのが確か四人。晩のおかずは何もないんだから釣れるまで帰らない。場所が悪かったなどの理由は通用しない。だめなら玄界灘から緊迫の竹島のあたりまで行け！　とゲキをとばしておきました。まあ、僕も沖に出るんですが。とにかくその他の者全部加えると十五人ぐらいでしょうか」

長崎の魚はでっかい！

長崎には一年前にもきて大漁だった。このあたりの海域は島や岬が入り組んでいるので大きな魚がいろいろいるのだ。そのイメージがあるからみんな呑気な顔をしているが、そのとき釣れたのは船で沖に行った連中だけだった。

もう十年は続いている我々の行状記録を読んでいてくださる方はちょっとは目にした記憶があると思うのだが、結成当時から太陽とドウムという「長崎のバカ兄弟」がいる（バカ兄弟の理由は副隊長格の西澤がとんでもないことまでぶちまけているのでここではカット）。

今回おれは初めて知ったのだが、このバカ兄弟の上にお兄さん（洋介さんという名前）がいて、これが色々と今回の旅の手伝いをしてくれた。長男のメンツをかけてさらにとんでもない大バカ兄貴かと期待していたらとんでもない良識人であり、長崎におけるチャンポンの旨い店を最低十店は暗記している、というスグレビトなのだった。

隊員たちはそういう洋介さんの実力を知らない。見知らぬ女性に「おねーちゃんうまい皿うどんはどっち方向行ったら食えますか？」などと空港を出たとたんに聞いてまわっていたのが関西のヤブちゃんだった。みんなは洋介さんのあとに行列をつくって今の時間ならあいているという長崎で三番目にうまいというチャンポン屋さんにまず連れていってもらった。

この日は何だか知らないが大阪からも名古屋からも韓国からもわらわら仲間が集まってきていて、それぞれチャンポン皿うどん、チャンポン皿うどんと叫んでいる危険な団体になっていた。

ま、しかしチャンポンと皿うどんの双方を食ったみんなはようやく落ち着きをとりもどし、堤防に行ってサビキ、ちょい投げといかにも暇人堤防釣り親父ふうに散らばったのである。

陸《おか》っぱりのメンバーはとにかく大勢いて、長崎は初めてというだけで参加した者も随分いるし、なにがなんでも「チャンポン」と「皿うどん」を食いにきたんだ！　食わなければもう帰りません！　と言って口をすでに半開きにして空港から出てきた者もそこでやっと口をとじた。

念願のものを二人前食ったこのバカたちはさらに弁当のための皿うどんをビニール

太陽（左）とドウム（不参加）の「長崎のバカ兄弟」には長男がいた！　しかし洋介さん（右）はバカではなかった

真面目に「蚊」について語る椎名隊長

袋に入れてもらい「もうこれで昼までのやるべきことはやったな」などと安心して腹を出っ張らせているのだった。

全員奮闘、しかし船長は厳しい

一方、前日入りした船釣り班は早起きして準備おこたりなく、時間どおりに旭町の港を出た。海仁、コン、ケンタロウ、太陽という雑魚釣り精鋭部隊で、狙いはタイラバというルアー釣りでのマダイだ。

拠点となった釣り宿は「ワンピース」というモダンな名。タイラバというのは関西や九州で人気の釣りで、オモリの下にヒラヒラのラバーとハリをつけ、アタリがあったらそれを巻きあげてくる。こう書くとなんだか簡単なように思えるがエサを使わないルアー釣りは熟練の技を必要とする。ルアー釣りといったら雑魚釣り隊では岡本がエースだが、今回はこられなかった。無念。

ポイントまでは一時間。やがてみんなの目に異様なるものが見えてきた。

「あれが軍艦島です。本当は端島っていうんだけど、石炭がとれるようになってたちまち軍艦みたいに見える高層ビルみたいなのが建ってああいう恰好になったんです」

なるほどその姿は軍艦そっくりだ。

と太陽の説明。

「今は？」

「今は誰もいないですね。一時は人口密度日本一だったんですけどね。その隣に見えるちょっと大きい島は高島。うちの高校に軍艦島出身の女の子がいて可愛かったけどどこへ行ったんだろうなあ」

太陽の話には必ず「可愛い（女の）子」と「どこへ行ったんだろうなあ」というのが対になって出てくる。

海の色が濃紺にかわりいよいよ何か大物が出そうな気配になってきたが、このところ潮の具合であまり「食い」がよくないという。

「タイラバは根魚も釣れるからなるべくいいポイントを探さないとね。タイラバでのタイ釣りが難しい理由はもうひとつあって、この辺はベイト（タイが食べる小魚）が多いから、タイはルアーよりも当然生きているその小魚を食うんだよね」

船長の話はこのように続く。

事前の調べでタイはかなりの深度にいるというのでケンタロウは電動リールを持ってきた。しかしケンタロウの買ったばかりのバッテリーは羽田空港で「鉛蓄電池のバッテリーの場合、十二ボルト以下で百ワットのものでないと飛行機に乗せられません」と冷たく事務的に言われたらしい。おまけに「没収します」とまで。「買ったばかりなんですよ。コレけっこう高いんですよ」ケンタロウほとんど泣きべそ顔になり、結局遺失物預かりカウンターに一時預かりということになった。しかし空港側もいきなり「没収」はないだろう。

ケンタロウはコンにその顚末《てんまつ》のグチを言い、心優しいコンは規格内のバッテリーを二個持っていたのでそれを貸してくれたらしい。

最初は太陽がカサゴをあげた。

「やっぱり故郷の海はやさしいっす」

続いてケンタロウが同じぐらいのカサゴを。その次にあげたのはコンで、オオモンハタ。やがてケンタロウにすさまじいヒキがきた。船長もサポートに乗り出す。しかしこれはいいところまであがってきたがイトが切れてしまった。

「ブリだったな。十キロはあったぞ」

船長が悲しいことを言う。

最終的には沖釣り隊の釣果は、①海仁…カサゴ一、アオハタ一、キジハタ一、②太陽…カサゴ三、キジハタ四、③コン…カサゴ二、オオモンハタ一、キジハタ一、④ケンタロウ…カサゴ二、キジハタ一、アジ一の合計十八匹。船長がひとこと。
「少ないね」

ついに竿頭やで！

皿うどんとチャンポンでダブつく腹をゆすりながら陸っぱり隊はそこそこ活躍していた。こっちのほうの班長は、新人でまだドレイ待遇ながら一人でしばしば釣りに行っていて腕をあげている京セラと、陸っぱり専門でやはりいろんな魚を釣っている三嶋の二人だった。ただし二人ともたいへん心優しき男なので関西弁を連発するチームの統制がとれるかケンタロウは少し心配していたらしい。

三嶋より隊歴の古い京セラが「じゃみなさん目標は一人十匹でお願いします」強気なことを言うようになったものだ。

サビキをふりまわしていたヤブちゃんが「おっしゃー三尾ひとぬきや。この調子でもう竿頭簡単にいただきや」小イワシらしい。

これが信じられないことにじゃんじゃん釣れる。ほかの者もヤブちゃんのそばに行ってサビキ竿をたらした。

「なるほどどうということないもんや」

同じ関西勢の川野が言う。

関東勢のダイスケ、京セラも景気のいいその場所ににじりよっていった。

「こらおれのところに近づくな」

ヤブちゃんは自分の領土を主張する。そのあいまにも一竿で五匹なんていう「イッカ」をやっている。

「ようし、これでいままでなりたくてもなれなかった竿頭はおれのもんやな。小イワシのカラアゲいうたらビールがほんまかいなってたまげるほどうまいで」

太陽さらにぎらぎら。堤防はしあわせに賑わっていた。

悲しみのトウゴロウ

バンガローでは船の沖釣り隊が戻っていてさっそく今夜のめしのおかずづくりをしている。

雑魚釣り隊は釣りはもちろん、このところいかなる魚でも手早く出刃でさばいてしまえるようになった。

携帯電話で堤防の小魚大漁連絡をうけていたから、その日はスーパーなどにサカナを買い出しにいく必要はなかった。コンと太陽のさばくハタやカサゴの刺し身が見事だ。これ料亭で出したらとんでもない値段になるぞ。

そう言ってみんなで喜んでいるともっと高らかにヨロコビの声をあげてヤブちゃんたち堤防釣り部隊が帰ってきた。

「大漁やで。新聞社ぐらい呼んどきや」

なるほど彼らのクーラーボックスには銀色をした小魚がごっそり入っている。

「あれっ？　なんだコレ？」

最初に関西勢を「むっ」とさせた一声は海仁だった。ケンタロウも気がついた。

「あの、これ小イワシと違うんですよ。トウゴロウイワシといって雑魚中の雑魚です」

「犬もネコも食わないってやつで」

「なんやと？」

「いや、食えないことはないんです。カラアゲにすれば十分ビールのツマミになります」

「立派なイワシに見えるけどなあ」

「でもこれイワシよりどちらかというとボラに近い種類で人気ないんですよ」

ケンタロウが解説する。

「それと、このトウゴロウイワシにはある悲しい伝説があるんです。本日ここには参加していないから解説しときますと、我々のチームですごく暴力的なヒトいるでしょう。いや隊長じゃなくて」

ふんふんふん。みんな見当がついたようだった。

「あるときその人がこのトウゴロウイワシをバケツいっぱい釣ってきて『どーだスゲーだろう』と奥さんに言ったら、伊豆育ちの奥さんのほうが魚にくわしくて『それ雑魚中の雑魚よ』と笑ったそうです」

奥さんはやさしく言ったのだろうが、その暴力的な男は怒りまくり、以来トウゴロウイワシがいるとそこらにある石や網や木っ端板を投げては荒れ狂う、というたいそう怖い話があるんです。

しかしヤブちゃんはそんな話に耳をかさずトウゴロウイワシを全部カラアゲにしてビールの肴にしていた。ちょうどそこにやってきた土屋仙人も「これじつにうまいねえ」と言っていたのである。

軍艦島を見ながら海仁がキジハタを釣った。釣果は長崎の海では少ないらしいが晩ご飯には十分だ

「わし竿頭とったことないねん」とヤブちゃんは気合で次々と小魚を釣りまくる

トウゴロウイワシは全部カラアゲに。右から四番目はかつて済州島に遠征した際、通訳をしてくれたドンス君。わざわざ長崎までやってきてくれた

そうだ!　干潟の獲物があった

目の前をよく見たら

ある出版社から、電話による打診に続いてゲラ（本にする前の校正紙）が送られてきた。『捕まえて、食べる』という簡潔なタイトルで、アナジャコ、マテガイ、ギンポ、アカエイ、ザザムシ、スッポンなど関東近辺でも捕れる獲物を捕まえ、料理して食べている。我々、雑魚釣り隊の基本的にその場しのぎのハチャメチャ釣魚行脚をよく知っている編集者からの依頼で、この本を読んで感想文を書かないか、という話だ。面白そうなのでたちまち読んでしまい大いに感心した。とくにアナジャコやマテガイは、干潟育ちのぼくにとってはそういう生物がいるのは知っていたが、捕まえて食べる、というところに拍手したい気分だった。

思えば雑魚釣り隊はこのところ初志もどこへやら、精鋭釣り部などというものを結成し、タイだヒラメだマグロだハタだと漁師みたいに高速漁船で沖に進出し、しかもあろうことか本当にそれらを釣ってきてしまう。

そういう先鋭的な釣りができない本隊の大勢は、大物釣りの本拠地に行ってもいまだに堤防でかわいらしい赤ちゃんクラスのアジやサバを釣って喜んでいるが、大物釣り派の連中が次第にエリート風をふかせはじめているのもたしかだ。

まあ、しかしそういうのも時の流れで十年もやっているのにタイもヒラメも釣れないほうが問題かもしれない。

で、冒頭の話に戻るが、我々は「干潟」というものをそもそも軽視していなかったか、という疑問があった。簡単にいえば「なめている」「無視している」ということになる。

ぼくなどは千葉の干潟で育った。貝やチビガニやヤドカリなんかは無二の親友だ。それなのに近頃は東シナ海とか玄界灘なんて聞くと「いっちょう行ってみっか」などと思うようになってしまった。行ってもぼくにはめったに釣れないのだが……。

しかし、この本を読んでケンタロウに電話した。

「いよいよ夏だ。入道雲だ。セミだ。スイカだ。カキゴオリだ！」

「そうすねえ」

「そうすねえ、じゃないだろう。夏のはじめに子供の頃を思いだして我々はいまこそ初心に戻り干潟の海に行こうじゃないか」

「干潟の海！　というとどこあたりでしたっけ。新潟の近く？」

「バカかお前、東京湾の潮がひいたところだって干潟というんだよ。その潮のひいた泥の海にアナジャコとマテガイがいる。捕りほうだい、食いほうだい」
「ほんとですか。近くていいですねえ。この連載のほかの回とも少しいろあいのちがう話になりそうですし」

獲物のいる場所がわからない

捕獲の仕方も面白そうだった。まずアナジャコは使い古しや百円ショップなどで安い筆をいっぱいそろえて、アナジャコの巣穴に差し込むと、アナジャコが、だれだオレの巣の入り口にこんなものを突っ込んで！とイカリ、穴から筆を押し出してくる。それを捕まえます、とその本に書いてある。

マテガイのほうは巣穴に塩をまくとマテガイが勝手にピョンと飛び出してくるというのである。読んでいるだけで面白そうだ。しかも食うと両方ともうまそうだし。

問題は干潟といっても東京湾沿岸部のかなりのエリアに干潟ができる。その本を読んでもどこへ行けばいいかわからない、ということだった。そこで出版社に電話して著者に場所を教えてもらおう、ということになった。

我々が予定していたのは日曜日であり、しかも大潮である。潮のひきかたも大きい。

そうしてその著者、玉置標本さんが、我々と同行し、場所案内と捕獲の指南をしてくれる、ということになった。

でかける前に用意するものや身支度について若干のサゼッションがあった。どちらの獲物も巣穴をさがすためにクワかシャベルが必要。足もとは長靴やゴム草履はいったん泥にもぐってしまうと抜けなくなるから、いちばんいいのは地下足袋《じかたび》。非常に具体的でたすかった。

日頃の釣り船で沖まで行くときは船酔いがあってどうも乗り気ではないおかしら竹田がこの日は最初から妙に張り切っていた。おそらく大きな地震でもこないかぎり干潟で船酔い（だいたい船などない）などおこしそうもない。

その日いちばん潮のひける時間から逆算して朝八時にはその日の参加者全員が待合場所に到着していた。名嘉元、岡本、三嶋、ザコ、ベンゴシ、太陽、あつを、似田貝、ウッチー、ダイスケ、京セラ、ショカツ。それにケンタロウとおかしら竹田におれ、という具合で十五名。ショカツなどは奈良から夜行バスでやってきているのだ。海仁、コンの顔はない。あとで聞いた話だと「釣りじゃないんでしょ」のひとことで不参加を表明したらしい。

時間をあわせて案内人の玉置さんもやってきた。地下足袋、大きな肩かけ式のバッグ。そこには専門道具（たぶん筆などの束）それにクワなどが入っている。とても海に海産物を捕りに行くようには見えず、そこらの田んぼに行くヒトにしか見えない。

おかしら竹田がまわりにいる連中に地下足袋の自慢をしている。

「これはなあ、地下足袋界のブランドものだぞい」

竹田が指で示したところに大きく「鷹飛」という文字が強烈な太陽光に輝いている。

「なんと読むんですか」ショカツが聞く。

「たかとびーじゃい」よくぞ聞いてくれたとばかり竹田はあぐらをかく。

「トビ職業界のあいだでは超有名。それでもっておれの足はでかいだろう。ＸＸＸでもコハゼが通らず紐で縛った。こういう知恵は〝天才の大足〟といわれるおれぐらいしか出てこないんだよ」

「たかとびねえ……どこへ逃げるんですか」

ダイスケが聞く。おかしらが立ちあがってダイスケの首をしめる寸前にケンタロウの「出発ですう」の声がひびいた。

都心のすぐ近くにだって干潟はある。さあ、泥遊びだ!!

海までの長い長い行進

集合場所から海にむかってまっすぐの道が伸びている。途中に電車の鉄橋の下をくぐり抜けるためか、かなり勾配のきついコンクリートの谷があってクルマは走れないようになっている。

それにしてもまっすぐの道でそのずっと先に海があるのはわかるがとにかくずっと先なので霞《かすみ》がかかったようになっている。

炎天下に二キロぐらい歩いただろうか。ドレイ部隊の四人は交代で氷と水やお茶の入ったクーラーボックスを持って行くのだから気のどくだ。

やがて待望の目的地に到着したようだった。荷物をおいて玉置先生の「獲物のいそうな場所」についての状況判断的なレクチャーがある。干潟に到着したからといってやたらにクワで表面を削っても巣穴が見つかるわけではない。すこしまだ海水がひきらず残っているようなところの表面の土を五〜十五センチぐらいクワかスコップではぎとる。そこに新たな海水が流れこんでくるときにいくつかの穴が見えるのだ。それこそアナジャコの巣。見つけたらすぐに筆の穂先を先端にして筆全体が隠れるくらい差し込んでいく。

巣穴はけっこうたくさん集まっていてちょっとしたアナジャコの集落になっているみたいだ。

十本ぐらい差し込んでしばらくじっとしていると、筆が少しずつニョキニョキ上にあがってくるからなんだかおかしい。

先方（アナジャコ）が、こんなもので誰がいきなりおれんちの入り口をふさいだんだ、と怒っているのがその左右に揺れる筆の動きでよくつたわってくる。

捕獲の方法だが、筆が上にのし上げられ筆先が見えるところまできたあたりでアナジャコの爪のようなものが見えたりする。そうしたら筆先ごと穴の縁にアナジャコを押し込んでぐっとおさえつけたままアナジャコの本体をもう一方の手でしっかりつかみとる、という手順になる。

こう書くと簡単なように思えるが、なにしろテキは用心深い穴の中の住人だ。おさえているのとそれがすり抜けないようにしたままもう一方の手で捕まえるその両手の使いわけが一回や二回での体験では簡単にいかない。

玉置先生もそこにくるのが八年ぶりだ（もっと早く言ってくれ！）というので先生

というわりには三十分ぐらい成果がない。

ぼくは十本ほどわが敷地の穴に筆をたてている。どれかしらが常にモコモコ動いていて面白いのだが、いつもフィニッシュでとり逃がしてしまう。

ほかも同じような状況らしかった。

短気な名嘉元などはそのうちスコップを持ってきて筆が何本も刺さっているエリアを五十センチぐらいの深さで一気に掘ってしまった。

「気持ちはわかりますがアナジャコの巣穴は二メートルぐらいあります。そして一度危険を察したらまず一時間はあがってきません」

そのうちようやく玉置先生とわがほうのダイスケからほぼ同時に声があがった。ふたりとも十センチぐらいのを片手でたかくかかげていた。はじめて見るアナジャコは泥まみれだ。こいつ本当はシャコの仲間ではなくヤドカリに分類されるらしい。よくその素顔を見るとたしかに殻をかぶっていないヤドカリだ、と言われれば否定はできない。

でも有明海などでは食用として漁業の対象にもなっていて最近は数が減っており結構高い値がついているらしい。一方、この日は「釣りじゃないんだね」と言って参加しなかった海仁やコンちゃんなどに言わせると「アナジャコなんて人間が食うもんじ

玉置先生（左）とダイスケがほぼ同時にアナジャコを捕まえた！

ゃないね。あれはスズキとかマダイ釣りのエサなんだよ」とはなからバカにしていたらしい。

しかし泥の干潟にはいつくばっている謙虚な我々は、根気よくやってコツを得ればなんとか捕れる、ということを信じてタタカイを続行させていった。

あつをとショカツが提案した。

「これはみんなバラバラにやっているより担当をきめてチームでやったほうがいい」

彼ら、普段の大物狙いの船釣りのときはドレイ待遇だから、先輩にああだこうだ命令されるのが普通だがその日は違った。

かれらのチームワークはこんなふうに

なった。まずはベンゴシがクワで土をけずって巣穴をできるだけたくさん見つける。そこにあつを、ショカツ、京セラの三人が次々に筆を差し込んでいく。

そのようすを見ていたケンタロウは、「まるで干潟の田植え仕事みたいだ」と興奮している。

筆が少し持ち上がったところでショカツがその筆を振ってアナジャコを誘う。ハサミが見えたところであつをがアナジャコと握手しておさえる。そのスキにベンゴシと京セラがサイドを掘って捕まえる。この連繫プレーはみごとに功を奏し、その後次々とアナジャコ捕獲に成功していった。

干潟のロケット

折角、ブランド地下足袋を履いてきたおかしら竹田はそのうち飽きてしまい「じゃ、次のマテガイ部門に行くか」と言いだした。

同じように一匹も捕れないおれもおかしらのあとについて行った。同じような連中がぞろぞろついてきて七人になった。

こちらもアナジャコと似ていてまず波うち際に行ってクワかスコップで十センチぐ

らい土を掘る。するとアナジャコほどではないが小さな穴が見える。そこに塩をふりかける。塩をふって生で食うのではなく誘いのおまじないだ。するとその穴からいきなりビョーンと八センチぐらいのマテガイがロケットみたいに飛び出してきた。飛び出した殻をつかんでそのまま引き抜けば一ケ確保だ。なんだかマンガみたいで面白い。

ぼくも塩をかけてみたらパイプみたいのが「なんだなんだ！」と言って飛び出してきた。アナジャコとの繊細な駆け引きにうんざりしていたのでこのバカ的単純さはすばらしい。

アナジャコ落伍組が次々にマテガイをものにしていった。巣に塩をふりかけるとマテガイが飛び出てくるのは、どうやら満潮になったと早合点している、という説が有力だ。

マテガイのロケットつかみ漁法にもそろそろ飽きてきた頃、大きな網に五キロぐらいはありそうなたくさんのでっかい貝を詰め込んで海からあがってくる人と出会った。

「そりゃあなんの貝ですか？」

竹田が聞く。

「ホンビノスですよ。このところここらの河口や海に大量に増えている外来の貝です」

ハマグリよりも大きく厚みもある。全体にハマグリとくらべると品位に欠けるが、肉は多く味もいいからこれを捕る人が増えているという。

「どうやって捕るんですか？」

「水の中を摺《す》り足《あし》で歩いていくと固い石みたいなものにぶつかります。それを拾いあげればいいんです。掘る必要はありませんが、探り当てるのに素足では危険だしズックなどでは感触がわかりません。地下足袋が一番ですよ」

二人で十キロぐらいの収穫だという。地下足袋が一番ですよ、と聞いておかしら竹田は逆転勝利の雄叫びをあげた。

「なあっ、賢者は最後に勝つっていうだろう」そう言い残して竹田はどんどん海のなかに入っていった。一分もしないうちに「見つけた！　バケツバケツ！」。

竹田のあとに続いてバケツを持って我々のチームメンバーがどんどん入っていく。

そうして次々に大きな怪しい貝をバケツにほうり込んでいくのであった。

まるで地中海料理

東京近辺、関東地方での釣りのときはたいてい獲物を持ちよって新宿三丁目に五店ほどかたまっている我々の常駐酒場のどこかで料理にしてもらう。その日は「彗富運」（スプーン＝かなり欲張った当て字、我々が行くにはあまりにも高級すぎる）のシェフ、トオルが全ての獲物をさばき、これがあの原料か、とびっくりするぐらいの料理に仕立ててくれた。アナジャコは唐揚げ。マテガイはガーリックバターソテー、ホンビノスガイの酒蒸しあんかけ風。

「まるで地中海料理みたいです」

これらの写真を撮りながらウッチーが言う。

「おめー、地中海行ったことあんのかよ」

「いや、行ったような気がするだけで」

これらの料理を見てびっくりしていたのが本日の玉置先生。捕って食う、という本の著者だから大いに刺激になったようだ。

地下足袋を手にやる気を見せるおかしら竹田

玉置先生がクワを入れながら捕り方をレクチャーしてくれる

見つけた巣穴にはどんどん筆を差し込むのだ

隊長も膝をつきながら
アナジャコ捕りに熱中

チームで捕まえるこ
とを提案したあつを
はどんどん捕まえた

川底にはホンビノスがゴロゴロと。おかしら竹田たちは肩まで川に入って、すぐにバケツいっぱい捕まえた

料理担当はトオル。「コツは少し味付けを濃いめにすること」とのこと。アナジャコは見た目と違って激ウマだった

陸前高田ヒラメ騒動

ヒゲマスのところに行こう

夏のおわりである。今回は東日本大震災にモロにやられた陸前高田への遠征となった。我々はこの地の人々に知り合いが多い。したがって被災した知り合いも多い。あれから六年。高田の人々は不屈の精神であの酷いダメージからなんとか復活しようとしている。知り合いの一人、熊谷浩昭は一九八七年から『酔い処　俺《おれ》っ家《ち》』という居酒屋をやっていて、我々も何度かその店に乱入した。百二十人規模の宴会ができるし、なによりも店主の熊谷さんの豪快な呑みっぷり呑ませっぷりは、刺し身その他の肴の切り身の厚さの豪快さとあいまって、ここに行ったら絶対シラフでは出てこられない。

店主は一見「天才バカボンの親父」のような額のシワにタオルハチマキ、そして髭がよく似合い、みんなからもっぱら「ヒゲマス」と呼ばれ親しまれている。

しかしこの店も被災して海の彼方に流されてしまった。ヒゲマスとその家族は無事だったので、その後、盛岡に引っ越し、そこでまた居酒屋『陸前高田　俺っ家』を開店した。二〇一一年六月のことだった。商売っ気ぬきでやっているような豪快な店は盛岡でも大繁盛していたが、離れてきた故郷忘れがたく、二〇一七年にまだ被災の傷あとがいたるところに残る陸前高田に戻り、『公友館 俺っ家』を復活開店させた。「かさ上げ」したばかりの新造地は、まだあたりに人家がチラホラという寂しい状態になっていた。

このヒゲマスの地元の朋友である菅原瑞秋は浄土寺の和尚。やはり彼の寺も半分津波に持っていかれた。

そんな背景があって彼らのところに行って改めて被災見舞い、開店祝いをしよう、ということになった。もちろん雑魚釣り隊だから船で沖に出て獲物を狙うのも忘れてはいない。釣れたら『俺っ家』で大乾杯だあ。

その日我々は普段よりはだいぶ遅い朝十時に新宿を出た。その日は高田にまで着けばよかったのだ。新宿から五百キロあるから一台のクルマに二人以上の運転手を配置した。よく晴れていた。

五台のクルマの中でも最優良運転手は三嶋克也で、彼はお酒はいっさい飲まない。いや飲めないので、大酒バカ飲みばかりのこの集団の中では貴重な人材だ。そればかりか非常にフットワークのいい真面目な青年で、こんな真面目な青年がよく雑魚釣り隊のドレイを続けているものだ、と前から感心していた。

話を聞くと、今回訪ねるヒゲマスと三嶋はだいぶ以前からの知り合いで、とくに震災時にはかなり心が温まる交遊があったようだ。

震災時にヒゲマスは宇都宮にいたらしい。それを知って三嶋はクルマで宇都宮まで彼を救出に行く。その間にヒゲマスは自分の娘が仙台にいることを知り、その足で二人で仙台まで娘さんを救出に。しかしガソリンが足りなくなってくる。ようようギリギリで仙台に着いたが、その頃になると知り合いがあちこちから連絡をよこし、食料や配給ガソリン二十リットルなどをなんとか集めて、一関まで次の人の救出にむかったのだった。

ヒゲマスは三嶋君には本当に世話になった、と今でも言っている。本当はこの話の顚末はまだ長いし、不思議なめぐりあわせなどもあってくわしく書いていくと一篇の小説になってしまうくらいだが、我々はまだ釣りのための海を見ていないのだ。

十人のタタカイ開始

今回の釣りのターゲットはヒラメだ。ヒラメと言えばタイともならぶ高級魚だ。ヒゲマスの用意してくれた船（第二晃進丸）はけっこう大きく、乗組員（雑魚釣り隊）

は、岡本、コン、三嶋、ヒゲマスとその息子さん（釣り具店に勤めている）、ヤブ、川野、竹田、ケンタロウ、それにおれのちょうど十人。

この夏は雨ばかりでしっかりした釣りができなかった我々は、朝の船出のここちよい風に全員気持ちをはずませている。

ヒラメは生き餌で釣るので途中の「生け簀」の中から十～二十センチほどのイキのいいイワシをかなり確保し船倉にいれて泳がせておく。

今回は全員の仕掛けをヒゲマスの息子さんが作ってくれた。オモリは五十号。それぞれの釣り師の足もとにあるバケツの中を元気よく泳ぎ回っているイワシを摑みとり、頭のところをギュッと摑むと自然に口をあける。その中にハリをつっこみ上向きにして頭の後ろからちょっとハリ先を出す。まあイワシに本当のところを聞いてみないとわからないけれど、イワシにしてみたら「なんてことすんだ！」というくらいひどい仕打ちだ。

でもそんなふうにされてもイワシはハリをかけられる前と同じように元気にぐるぐる泳ぎまわっている。ハリが二本ついている仕掛けでは、背びれのあたりにもう一本のハリをかける。

コンちゃんに聞くと、これは関東あたりの仕掛けと同じらしい。

まずはこれで最初のポイントで全員竿を出すが誰も声がない。ということは誰もアタリさえない、ということだ。船長が「ポイントを変えますから仕掛けをあげてください」とスピーカーで言う。

船が動きだそうという時、ヤブちゃんがなにか唸るような声を出した。便所にでも行きたいのかと思ったら「なんや竿が重たいねん」と非常にデリケートなのだか鈍感なのかわからないことを言う。

「リール巻いて巻いて」コンちゃんが言う。みんなが見守る中でヤブのハリにはしっかりそこそこいいカタのヒラメがかかっていた。

「アタリわからなかったのか？」

ヒゲマスが聞く。

「そうやなあ。あのピクピクがそうやったんかなあ」

まことに頼りない一匹目であったけれど十分刺し身になる。

そのあとのポイントではヒゲマスの息子さんがさすがもうひとまわり大きなヒラメをあげた。その直後、仲良く並んで竿を出していた川野と三嶋がほぼ同時に小さなムシガレイをあげた。なんだか枯れ葉みたいなカレイだったが料理の工夫次第でおいしく食べられるという。

しかし十センチぐらいのエサのイワシとどっこいどっこいの体長で、よくイワシにムシガレイが食われなかったものだ、とみんなが感心していた。

竹田の逆上

今回は酔い止めのクスリを三人分飲んで奇妙に張り切っている竹田が乗っていて、まわりの者はひそかにいつ船の甲板に倒れるか期待していたが、意外にしぶとい。やつだってやればやれるのだ。

その竹田がいきなり「おっ」だか「ウヘッ」だか「ぬえ」などという意味不明の声を出した。いよいよ倒れるか。甲板よりも目の前の大きな海原に倒れろ！　と、期待の目で見ていたが、どうもなにかがかかったらしい。その証拠に竿が大きく円を描いている。これは大物にちがいない。

「たてろ！　たてろ！」

コンの激しい声が飛ぶ。

「えっ！」

「バカ、お前が立ってどうする。竿だ、竿をたてろ！」

竹田の竿はさらに軋《きし》むように弓型になっている。

「まけ！　巻くんだ！」

「えっ！　負けですか」

めったに大物を釣ったことのない竹田はコンの叫び声に完全に狼狽《ろうばい》している。

「もう一度竿たてろ」

「アファフ」

そうこうしているうちに急に竹田の竿が腑抜けのようにダランとした。

「ばらしたな」

「竹田のバカヤロウ。今のは五キロはあったぞ」ヒゲマス怒る。

「そんなことを言ったってコンちゃんがそばでいろんなことを言うから……」

竹田はそのあと後ろ甲板のほうに行って「コンのせいだ。コンのせいだ」と呪文のように言っていた。

まあまあの釣果

それからポイントを次々に変えていった。どうもその日はいつものポイントが不作らしい。さっきの竹田ほどの騒ぎにはならないが、あちらこちらで釣れる者、バラす者がいろいろ出てきているようだ。

この雑魚釣り隊をはじめてから随分いろんな海に行っていろんな魚に挑戦してきたが、たいていぼくはめあての獲物が一匹かかればそれで満足、という執念と根性のない釣りをしている。釣りそのものよりも釣り船が沖に出ていくときのなんとも言えぬ高揚感や船の上のビールプハーッが好きみたいだ。だから釣果にはこだわらない。そういうおだやかな心でいると最後のポイントでぼくの竿にツンツンというアタリがあった。あわせたらいいのかそのままにしておいていいのか迷うところだ。でもどうせ最後だから、と思って一気に竿をあげると大きくはないがなかなか良心的なカタをしたヒラメがかかっていた。タモを出してもらって丁寧にとりこむ。たぶんそれがその日の最後の一匹だったろう。

いつものようにジグ（疑似餌）を振り回していた岡本ヘンタイ部長のその日の収穫はイナダとアイナメだった。みんな中央のクーラーボックスに入れた。

その日の釣果は、

・コン＝ヒラメ（大）、メバル（大）

・岡本＝イナダ、アイナメ

・ヤブ＝ヒラメ（二）
・川野＝ヒラメ、ムシガレイ（共に極小）
・三嶋＝ムシガレイ（極小）
・椎名＝ヒラメ
・ヒゲマス息子＝ヒラメ（大）、アイナメ
・ヒゲマス＝ボウズ（おれはなあ。シーナさんに釣ってもらいたくて気を配っていたからよう。自分の釣果なんて関係ないんだ。負け惜しみじゃないぞ）
・竹田＝ボウズ（コンちゃんが悪い）
・ケンタロウ＝ボウズ（アタリすら一回もなかった。ヒラメなんてこの海にはいない）

昼を少しすぎたあたりだった。まだよく晴れているなか港にむけて船は快走する。

厚み二センチの刺し身

船から降りるとさすがヒゲマスは気遣いの人で、漁港からすぐの無造作なトタン屋根の小屋でのカキ定食が用意されていた。

おばあさんが一人でやっているような店で、カキがらみのメニューしかないからおまかせである。最初に山盛りの「蒸しガキ」が出てきた。左手にゴムの手袋をはめてもまだあちちあちちと言いながら蒸したてのカキを食う。

「今度はよう。カキとりに行こうぜ。カキにはアタリなんかないだろう」

竹田がまだ言っている。

続いてカキの混ぜごはん。カキ汁。腹いっぱい食べて全身カキ男になって宿に帰った。帰る途中でトオルが「ちょっと俺っ家の店にまわって降ろしてくれないか」と言った。

「ヒゲマスさんはよ、これから一休みすることもなくあれだけの魚をさばいて料理しなきゃならないだろ。このあとおれは暇だからちょいと手伝ってくるよ。ヒゲマスさんにはお世話になってるからな」

「そりゃヒゲマスは喜ぶよ」

みんなにおくられて助っ人トオルはかさ上げされた道路の端で降りていった。おれたちは「トオルたのんだぞ」と言いながら旅館にむかった。竹田だけ「コンが悪いんだからな」と周囲と関係ないことをまだ言っていた。

おれたちの泊まっている「鈴木旅館」は震災以降風呂を無料開放していたことがあ

り、地元のじいちゃんばあちゃんの尊い憩いの場になっているという。温泉じゃないけれどなぜかめちゃくちゃ熱い。水で少しはぬるくすることはできるが、そんなことをしている間にもどんどん熱くなるので初心者はまず足ぐらいしか入ることができない。最初にその風呂に行った土屋仙人は仙人だから肩までつかることができたが、あがってくると「次は竹田を入れたほうがいいね。あれに入ると悔しい過去のことなんかみんな忘れてしまうから」などと謎のようなことを言っていた。

ヒゲマスはその日、店を貸し切りにしてくれた。夕方になってゾロゾロと店に行くと大広間に「ドォーン！」ともの凄い料理が並んでいた。

縦長のテーブルの真ん中には刺し身を山盛りにした大皿が並んでいる。この『俺っ家』という店は普段から刺し身をはじめとした海産物のボリュームがもの凄い。

おれが〝カツオ命〟ということをよくわかっているヒゲマスはその日のためにスマガツオの大きいのを用意してくれていた。カツオだが、刺し身にして食うとマグロに負けないくらいの味がする。

やれうれしや。沢山並べられていて、ひとつひとつの切り身が二センチはある。だから刺し身ヒトキレが重いのだ。

これを見ておれたちは全員同時に逆上した。スマガツオや八丈島などで「キツネ」

と呼ばれるハガツオは、あまりにもうまいので釣った漁師やその家族がみんな食べてしまい市場に出ることなどめったにない、と言われている。これだから雑魚釣り隊はたまらない。

東京や京都のどんな高級料亭でも食えないものをたらふく食えてしまうのだ。おれたちの釣果であるヒラメの刺し身などはお雛さまじゃないけれど、刺し身の切り身が段々重ねになっていてどこから食ったらいいのか迷うほどだ。三陸の夏の名物ホヤもぼくの大好物だが、カツオ、ヒラメの刺し身を食いすぎてなさけないことにもう手じゃない箸が出ない。

と思っているところにマンボウの腸のブツギリを焼いたものが出てきた。焼きたてアチアチのを食うとなんの肉だかわからない。

雑魚釣り隊のドレイ「あつを」が、誰に命令されたわけでもないのにいつのまにか酒や料理を運んでいる。隊員たちも「おい、あつを、アッカン二本持ってこい」「あつを、ワサビがたりないんだ」などとじゃんじゃん店員がわりに用を言いつけている。ふだんの海浜キャンプとカン違いしているところもあるが、あつをも「へい、おまち」などと結構慌ただしくテキパキ働いているのが面白かった。

陸前高田の『公友館　俺っ家』の開店祝いに駆けつけた雑魚釣り隊。ヒゲマス（前列右から３番目）や菅原和尚（左端）も嬉しそうに迎えてくれた。さあ、飲むぞ!!

元気が出る処
陸前高田
俺っ家
公友館

かわいいサイズだが立派なヒラメ。隊長が最後の最後にやった

コンが大ビラメを釣った！それを見て竹田（右）がさらにふて腐れた！

釣りの後は全員でカキ小屋へ突入だ！

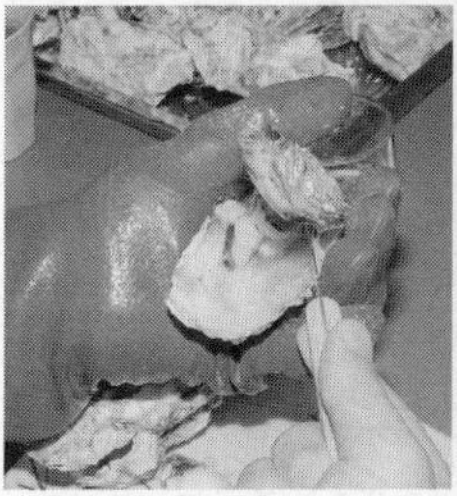

ゴム手袋をして次々と蒸しガキを食べていく。いつもはうるさい隊員たちも無言でカキに集中している

ドッサリのカツオの刺し身や握り飯を前に話がはずむ隊長とヒゲマス

フジツボやサンマのミリン干し（上）の他にもホヤやマンボウなど珍味がドッサリ。釣ったヒラメは美しい刺し身になった（左）

秋晴れ堤防釣り。

獲物はすぐに昼飯のおかずだ

イデオロギーが問われるか

雑魚釣り隊は十人に満たない人数でスタートした。二〜三人を除いて、見るからに魚を食うのは好きだが魚なんか釣れなさそうな顔つき、態度の男たちだった。で、いきなり大物釣りの本場、伊豆大島まで行ってしまったのだから、そのずうずうしさというか身の程知らずというか、まあその当時は誰もシロウト釣魚界の厳しさを知らなかったのだから物知らずの可愛いバカよ。ということで世間もゆるしてくれていたのだろうと思う。

その結成から十年以上すぎた今、雑魚釣り隊は約三十人にふくれあがった。最初のうちは千葉とか神奈川あたりの磯や堤防に行って、看板にいつわりない、文字どおりの雑魚を釣って喜んでいた。しかしそのうちに日本の各地に遠征するようになり、本格的な沖釣り（船でやるやつ）などをいろいろ重ねて体験してくると、あるときいきなりタイとかカツオとかマグロ！　なんかを釣ってしまい、釣った当人はまるで犯罪者のごとく「ついうっかり釣ってしまったんです。ぼくホントはそんなだいそれた気持ちはなかったんです」などと、狭い甲板でウロウロ狼狽していた。

そういう思わぬ大物を釣ってしまう偶然釣りの時代が進んでいくなかで、新入隊員に凄腕の者がけっこう増えてきたり、生え抜きの隊員もいつのまにか本格的な釣り趣味の道にはまり、今ではそこそこのプロでもなければ釣れないハタとかブリといった巨大な魚や、高級魚であるヒラメなどもいとも簡単に釣ってしまうような成長をみせる者が増えてきた。

そうしてある日、この連載のよろず世話人であるケンタロウが「あの、えーと、雑魚釣り隊といっても最初からタイとかヒラマサなんかの大物ブランド魚を狙いに行ってもいいんですよね」などと、ぼくに言いにきた。

釣りは下手だが心の大きなぼくは「いいじゃないか。ぼくはそういう大物釣りの遠洋航海には行きたくないけれど、志願者で勝手に行ったらいいじゃないか」と鷹揚に答えた。

すると、ケンタロウがぼくにそう言ってくる前にその関係者で密かに打ち合わせができていたらしく「『雑魚釣り隊釣り部』という精鋭部隊をつくりたいのです」と言ってきた。

雑魚釣り隊は、雑魚とはいえどもリッパな釣りのチームである。そのなかの「釣り部」といったら親亀の上の子亀みたいなハナシになるじゃないか。でもひとたび「いいよ」と言ってたてまえ、その子亀部隊の顔ぶれを聞いたら、なるほどなあ、と心の大きなぼくは納得したのだった。

部隊長＝岡本、隊員＝宍戸、海仁、近藤、小迫、太陽、ベンゴシ、ケンタロウ。

彼らは近頃、休日になるとそれぞれ目的とする魚を目指して釣り船に個人で乗り、それなりの成果をあげているというのだ。先日などは日曜日の昼頃、コンちゃん（近藤）から電話があり、いま五キロのカツオをじゃんじゃん釣りましたが、午後に自宅にお届けしましょうか、などと言ってきた。カツオだけは八丈島の漁師の妻に教えてもらって一人で捌けるのだが五キロにもなるといったい何人前の刺し身になるのだろう。夫婦二人の食卓ではとても食べきれない。ましてや冷凍してしまってはおいしさは半減する。そんなふうに雑魚釣り隊の精鋭部隊は相当に実力をつけていたのだった。

しかし、である。

雑魚釣り隊がそうやって一部の釣り名人がタイやマグロを釣ってほかの者がそれを食わしてもらう、という構造になっていいものだろうか。何か考え方の方向が違ってきているのではないか、という疑問を持つ者も出てきた。

いや、釣りにはいろんな対象のサカナがいて、その釣り方もさまざまだ。技術が向上していったらそれぞれ好きな魚を狙って好きな釣り方をして最終的にはみんなで一緒に食う、というのでもいいのではないか、それが民主主義というものではないのか、という意見を言うものも出てきた。

いや、違うのではないか。そうしたらなにも全員同じ日に釣りに出なくてもいいのではないのか、という極論めいたことを言う者もいる。

隊長としては党の方針じゃなかった、隊の行くべき方向、ひいてはイデオロギーを問われているような気がする。さらにこのままでは隊が分裂していく危険もある。どう考えたらいいのか。

そこで全員に通達を出した。

「狙う魚によって釣り方が変わってくるのは仕方がない。サカナだってエサや仕掛けを選ぶ権利があるからな。ここはオサカナファーストという考えで季節や場所ごとにどんどん変わっていく魚を各自自由に追う、という雑魚釣り隊の基本理念をあくまでも念頭におきつつ、それぞれが大海にむかっていけばいいのではないか。ただしエサがイソメだけ、という釣り方を主張する者は私としては排除したい。どこかよそでイソメ党を結成するなりして隊を割る、というコトがおきても仕方がないのではないか。釣っても釣らなくてもいいんじゃないか、というリベラル派も選別の対象としたい」

と、まあいろいろあって、今年は異常に雨が多く、主義主張はともかくとして我々の釣りの初期の頃からのもうひとつの重大な要素である「のんびりやる」という釣りがなかなかできなかった。

でも十月の中頃に天気は数日安定してきた。そこでくだんの問題はまだ結論が出ないままひさしぶりに堤防釣りで小魚を狙って、釣れたのを堤防で捌き、コンロを使って唐揚げにし、ホカ弁屋の「白めし」のおかずにしてみんなで笑って食おう、ということになった。

釣り部の連中はどこだ

場所は千葉県館山の船形《ふなかた》漁港。ここは以前にも来て小魚をいっぱい釣ったことがある。いつものように各自クルマで新宿三丁目の我々のアジトを早朝六時に出発し、適当な釣り座をみつけて竿を出す、というこれまで何度もやってきた大雑把計画だ。人数は十四人。

広い堤防だが、すでに熱心に釣っている地元系の釣り人もいるから我々がこれだけいると竿を出す場所も限られる。

みんなの顔ぶれを見回していた西澤が「あれ？ いつもの顔がポツポツ欠けている

なあ。あれ？　そうか釣り部のやつらがいないじゃないか。コンはどうした？」

「コンさんは最近、カツオ、マグロ釣りに忙しく、陸《おか》っぱりで小さい魚なんか釣るヒマがないんだよう。ごめん、今回は欠席と言ってました」

よろず世話人のケンタロウが答える。

「部長の岡本はどうした？」と西澤。

「えー、部長は房総へ行くならやっぱり大物を狙ってジギング（ルアー釣り）しなきゃね、と言って夜明け前にはすでにどこかの港から海に出ている筈で、こっちも欠席です」

「海仁はどうした？」

「エー、海仁さんはここんとこなかなか釣りに出る余裕がなかったそうで、今日はたまたま仕事も家庭の用事もないらしく、釣りをするならやっぱり船だよね、とだけ電話で聞いています」

「ザコはどうした？」

「ザコさんはライブ（彼はミュージシャン）で仕方なく欠席です。ここに顔を出していない他の釣り部のみなさんも陸っぱりや雑魚中心というのが不満なのではなく、みんな仕方ない用があったはずです」

「違うだろ！　舐めてんだよ、あいつらは。おれなんてむかしからイナダやワラサなんか堤防から長竿びゅんびゅん飛ばして釣ってたんだからな。ちくしょう、あいつら絶対堤防釣りをバカにしてやがるんだ」

西澤は本格的に怒っている。このやりとりをそばで聞いていて落語の『寝床』を思い出し、おれはおかしくて仕方がなかった。

『寝床』は義太夫を趣味にしている大店《おおだな》および長屋をやっている大家さんがときどき店子《たなこ》の人々や店の番頭や丁稚など集めて無理やり義太夫を聞かせる。うまいのならいいがこれがヒトの神経をおかしくさせてしまうくらいの下手くそだ。そういうシロウト芸の独演会を家でやるから来て下さい、と番頭さんが店子の人々に集まるように回ってきたが、みんななんとかかんとか理由をつけて誰もこない。そこで大家がカンカンに怒り出す、という噺《はなし》だ。

チビ魚が待っていた

堤防釣りではサビキが主流だ。ミチイトに沢山の疑似針をつけ、一番下にオモリとコマセをぎっしり詰めた袋がついている。小魚はだいたい漁港を群れで回遊している。

「釣り部の奴らはなんでいないんだ？」隊長の質問をケンタロウは笑ってごまかそうとする

それに出会うといちどきに四〜七匹ぐらいの小アジ、小サバなどがかかってくる。みんな十センチ前後の大きさだけれど回遊してくるところにアタればウマイもヘタもなく簡単に釣れる。ただしフグやベラなどの雑魚もいろいろかかってくる。それはそれで面白く、まさしく雑魚釣り隊の原点をいくものだ。

さらに遠投してもっと大きな魚を狙うこともできるから能力に応じて遊べる。釣り船に乗って魚探を見てタナ（群れのいる深さ）を船長が伝え、ソレ！　といってそこを狙って竿を出す大物釣りとは本質的にちがう。

その日はいわゆる釣り好きオヤジが

日曜釣りで遊ぼう、という趣旨だったから、はなからバカにして不参加の「釣り部」の連中をバトウする西澤の気持ちもわかるというものだ。

でも、まあいつまでもそう怒っていても仕方がない。各自適当な場所に竿を出してあとはサカナ次第、というのんびり釣りの態勢となった。

海面を見ると一～二センチぐらいの小さなクサフグの赤ちゃんがいっぱいいてサビキの竿を出すと一斉に三百匹ぐらい集まってくる。

もともと釣っても仕方がなく、釣れて誤って食ってしまうと困るサカナだから最初から邪魔なだけだ。

しばらくは誰の竿にもなんの変化もなかったが、いちばんはじめに「ヤッタア！」と歓声をあげたのはウッチーだった。彼も釣りにはあまりこだわっておらず、プロのカメラマンなのでこのシリーズの写真をもっぱら撮っているのだが、本日はあまりにも誰も釣れないので自分も竿を出したのだ。無欲の勝利というわけだが十センチぐらいの小アジだった。

「これ、アジですよね。あのヒラキにしたりタタキにするアジですよね」

まわりに聞いている。

こういう港内の釣りは群れの回遊を待って釣ることが多いから、このウッチーの一匹できた、とばかりみんな自分の竿がピクピクするのを見ているのでウッチーに教えてあげる余裕がない。

みんないちどきに釣れだした

我々の隣にいたいかにも地元のあんちゃんといった感じのセーネンがそれと同じやつをいちどきに三匹釣った。我々はいよいよ焦る。次に「やったあ」と言ったのは天野だった。船酔い体質の天野は釣り船のときはいつも留守番役だが、もともと釣りは好きなのでこういう堤防釣りではけっこう活躍する。

釣れても釣れなくてもとにかくうるさい竹田の竿もそれなりにしなった。持ちあげるとさきほどウッチーが釣ったのと同じくらいの小アジだった。間をおかずウッチーがまた同じぐらいのを釣る。

「へへ、こっちは二匹目」

「黙れ、それよりおれの釣ったアジのほうが色つやがよかったぞ」

と竹田。堤防釣りでおなじみの雑魚的小ぜりあいが早くもはじまった。そういうあまりにも小さなタタカイの声をよそに、隣にいる地元のあんちゃんは相変わらず三〜五匹いっぺんに釣っているがそのうちの何匹かを海に戻している。なんというもったいないことを。

太陽が「なんでソレ捨てちゃうんですか?」と聞いている。

「あれはコノシロとかサッパなのでいらないんです」セーネンはなんでそんな質問を? と言わんばかりの顔で答える。

「食えないんですか?」

このところ実技、知識の吸収と上達いちじるしいケンタロウが、そんな質問恥ずかしいからするな、とばかりに「食えますよ。コノシロの小さいのはコハダで寿司屋で出てくるでしょう。サッパは岡山でママカリというやつですよ。酢づけにして食うとうまくてうまくて」。

ママカリのことはおれも聞いて知っていた。これをおかずにごはんを食べるとうまくてうまくてついごはんを食べすぎてしまい隣の家にごはん(まんま=まま)を借りに行くからまんま借り、ママカリというのだ。

「それいらないんならおれらにくれませんか」竹田が地元セーネンに言うと、「必要ならいくらでも持っていって下さい」と軽く応答。

「おれらここで釣った小魚をあとで全部唐揚げにして弁当のおかずにするんです」

「はあ？」

と地元セーネン。意味がよくわからなかったらしい。

その頃になると我々のほかのメンバーもどんどん釣りはじめた。ドウムが小さなカワハギ。まだ釣りは初心者の山崎がメジナをあげた。

「これ食えるんですか？」

「おめえメジナをバカにしてんのか。堤防釣りの王様だろうが」そばにいた西澤がまた怒る。「すいません」と山崎。こうなるとだんだん何がどうなのかわからなくなってくる。

その西澤は投げ釣りをやめてサビキにしたがかかってくるのはトウゴロウイワシばかり。これは食って食えないことはないが、西澤にとっては苦渋の記憶にあるサカナだ。くわしく書いている余裕はないが、とにかく彼にとっては鬼門のサカナなのだ。

ぼくは二時間ぐらい椅子に座ってサビキをやっていた。サビキは簡単だが、すぐに仕掛けについている小網にいれるコマセがなくなってしまいその補充が面倒くさい。竿をあげて堤防の上に戻すとそこにちょうどドレイの京セラがいて自動的にアミコマセを補充してくれるようになっている。最近もっぱら好んでいるバカ殿様釣りだ。

釣れても釣れなくてもいい。久しぶりの秋晴れの下、太陽サンサンそよそよの風。バカ殿様は結局一匹も釣れなかったのだがまあそれでよいのじゃ。そのうち三嶋以下ドレイ群がカッターナイフで獲物の頭を落としワタを出し、名嘉元が軽い手さばきで唐揚げにする。いろんな小魚がいるがみんな十センチ以下だ。それだと骨ごとバリバリ食える。ほか弁屋で買ってきた白めしで揚げたてのこれらを食うとうまくてうまくてたまらない。

十四人の男たちがよってたかってめしのおかずにするのだから何匹いたかわからない。その中には小さくても一匹でヒトを殺すキタマクラとか毒フグなんかがまぎれていた可能性もある。どっちにしても結果は数日後にわかる筈だ。

「各自勝手に好きに釣る」を実践する隊員たち

赤ちゃんカワハギを釣ったドウムは「堤防でも高級魚釣れるんですね！」と大興奮

西澤が愛してやまないメジナを簡単に釣った山崎

青い空の下、雑魚を釣ったそばから揚げて食う。これぞ雑魚釣り隊の王道！

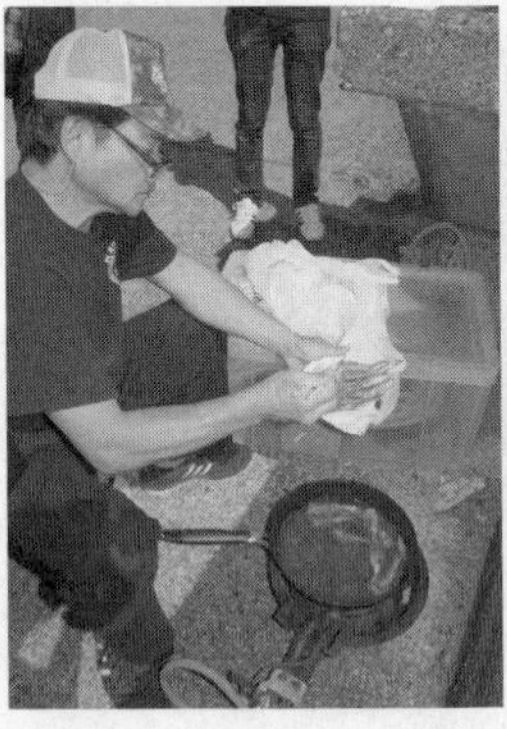

名嘉元がどんどん唐揚げを作る。西澤は食うたび「うめえ！　釣り部の連中ざまあみろ！」と空に向かって叫んだ

新島シマアジ入れ食い騒動

伊豆諸島がいい

東京にはけっこうリッパな離島がいくつもある。大島から青ヶ島までつらなる伊豆諸島と、東京から南南東に約千キロ離れたところにある小笠原諸島だ。けれど東京のヒトはあまりこれらの地元の島には行かず、もっとずっと遠い沖縄や八重山諸島、いやそれよりももっと時間やカネのかかるタヒチとかハワイなどに行こうとする。

まあヒトのことはどうでもいいのだけれど東京のこれらの島によく行き、そのたびに綺麗な海とおいしい海の産物で楽しい時間を過ごしている者としてはなんだかもどかしい。いろんな島の人たちと親しくなるにつれてもっとこうした身近な島々のよさを知ってほしい。これではもったいない、などと思っていた。

そんな折りに東京都の政策企画局が主催した「意外と近い、東京の島々の食を体験。」をキャッチフレーズにした「TOKYOガストロノミーツーリズム」という、まあいわゆるひとつのディスカバリーキャンペーンのようなものが打ち出され、これはいいコトだ、と思った。

「ガストロノミー」というのは食道楽や美食学とも解釈できるフランス語らしいが、

具体的には料理を中心に周辺の文化まで関連して体験することらしい。

「それはいいコトだ。サカナを中心に島の産物はみんなうめえからなあ」

と雑魚釣り隊の連中とパチパチ手を叩いていた。

もうひとつ知るヒトが少ないのでもったいないなあ、と思っていたことに、東京調布市の飛行場から伊豆諸島の大島、新島、神津島、三宅島を結ぶ軽飛行機の定期便ルートがある。

新宿から高速道をクルマで三十分ぐらい走るとこの定期便の調布飛行場に着く。クルマを素早く駐車場にいれて簡単な手続きをしているとたちまち飛行機の中だ。二十一人乗りの小型機。シートベルトをして「さてと……」などと言っているうちに飛行機はたちまち空の上、というか紺碧の海の上だ。それを見下ろしているうちに三十分と少しでたちまち島に着陸する、という「タチマチ型」の島飛び作戦だ。

このガストロノミーツーリズムのイベントに雑魚釣り隊二十人が参加した。全員ヒコーキで、というわけにもいかず空と船と二手に分かれて島にむかった。船便連中は釣り道具と船内宴会のための酒をどさっと持ち込んでいる。ぼくはヒコーキ組だったからくわしくは知らなかったがその物量は缶ビール五十、酎ハイ五十、ウイスキー二瓶だったらしい。

例によってそれはたちまちカラになり、船酔いも併発して倒れる者数人。ンガーと眠る者数人。しつこく飲み続ける者多数。

でもこれはおれたちの船旅ではもっとも安定した航海の過ごしかたなのだ。雑魚釣り隊のメンバーはいまや三十人。広域からの参加があたりまえになり、今回の遠征にはアラスカ、ワシントン、台湾などからの外国勢もいるし、日本のどこへでも来る関西組もいてまあ賑やかだ。

雑魚釣り隊が新島を攻めるのはそれが三回目だった。二〇〇八年に行った最初の新島キャンプでは羽伏浦《はぶしうら》の堤防でサバの大群と遭遇し、リッパなサバの入れ食いに全員で狂喜乱舞したのだった。釣り船に乗らないで陸から大きなサバが釣れるなんて夢のようだった。

そのときも二十人ほど参加していたが、二泊のキャンプ旅はサバのいろんな料理のバリエーションで自給自足のサバ的人生を送ったのだった。

よらば大樹の陰作戦

もうこれ以上ない、というくらいの快晴だった。船組もヒコーキ組もだいたい同じような時間に島に着いて、まずはおれたちが二日間お世話になる羽伏浦キャンプ場にそれぞれのテントを張る。

天気予報は「明日はかなり激しい雨が降り、風速は二十メートル以上になります」などというフザケタ予想をしている。しかし島というのは本当に荒れてくるともうどうしようもないくらいの騒ぎになるのをみんな知っていたから、何よりも用心第一と自分のテントをどこにどう張るか、地形を見てそれぞれ迷っている。

この島では一回目の遠征のときにやはり夜中に急変した小さな台風みたいなのに半分ぐらいのテントが崩壊。いちばん凄かったのは天野のピラミッド型をした外国製の美しいテントの消失事件だった。

暑がりの天野はテントの下側がそっくり隙間になっていて風が自由に通り抜ける構造になっているのを買ってきていた。それでは強い風がきたらどんどん空中に持っていっていいよ、と言っているようなものだ。おまけに起伏の多いその森林公園のようなキャンプ場の丘のてっぺんに設営したものだから、おれたちが集まって炭火をかこんで飲んでいるときにＵＦＯの静かなる離陸のようにテント全体がそっくり暗い夜空に飛んでいくのをみんなで見物していた。

雑魚釣り隊のテント設営技術はだいたい乱暴で、地形をあまり考えずに、風通しがいい、とか見晴らしがいい、とか風水によれば、などと言いつつテントを張っているからひとたび荒天になるとひどいことになる。島の風雨は半端ではないから、なるべく大きな木の群生したようなところにまぎれるように張りな、と以前からみんなに話していた。そこで今回はそれぞれ「よらば大樹の陰作戦」を徹底しているようだった。

どうなる貧困格差

斜面の上のほうにテントを張った奴は下のほうに三〜四張りまとめて張った者たちを見てなにかと見くだし、高台のテント組同士「山の手のわたしたちの高級テントから見ると下のほうにドヤ街が見えますざますよ」「景観をよごしてますわねえ」などとしきりに気取りまくっているようだった。

ぼくはコンクリート製の炊事場の外がわに張り出したやはりコンクリートの一メートルぐらいの幅があるところにタタミ一畳ぐらいのスペースを確保し、そこにテントを張った。ペグは打たず数本のロープで炊事場の建物のコンクリートにくくりつける。小判鮫作戦そのもので景観なんてまるでのぞめないが、わがテントには窓がないしそもそも一番の目的はそこにもぐり込んで快適に寝られるかどうか、なのだからそれでいいのだ。

丘陵地形になっているキャンプ場の樹々のそばのあちこちに形をあらわした隊員らのテントはカラフルでなかなか美しい。まあそのままの形で一晩過ごせたら、の話だが。

自宅を確保した我々は以前みんなで頭がおかしくなるくらいバカ釣れした羽伏浦の堤防にむかったが、食事係の者は島にある小さなスーパーで売っているサカナなどを見に行った。もしも我々が不漁で獲物が確保できなかった場合の緊急対策のための下見であった。

それというのも今回の旅ではじめて参加する今井竜介《リョースケ》は小笠原出身で学生時代に寿司屋のアルバイトをし、やがて一本立ちして札幌の寿司屋や東北の料亭で板前修業にはげみ、今は自分の店舗を持たず、乞われた家や店に出向いていっていわゆる「出前寿司職人」という新しい仕事スタイルで安定しているという。

すなわち今回の夕食はこの出前寿司屋さんのために我々がなんらかの寿司ダネを釣って供給しなければならないのだ。しかもわしらは本当によく食う奴が揃っているから通常のヒトが食う三倍ぐらいの数を釣らなければならない。夕食はタマゴヤキの握り寿司だけ、などという悲劇だけは避けなければならないのだ。

最近でこそ隊員はそれぞれ好みの魚釣り専門の船に乗ってマグロでもタイでもヒラマサでもハタでも狙いのものを釣ってくるようになったが、それとて「水もの」だからいつでも確実、ということはない。これだけの人数の夕食に二十センチぐらいの青魚を数匹釣って釣果はそれだけ、ということになると惨劇がおきる。

海の蒼が濃い

みんなけっこうまなじりつり上げる気合でめあての堤防にむかった。

堤防に出ると雲ひとつないド快晴。沖に一隻の船の姿もなく海はそこそこ荒れていた。岸壁を選ばないと大波が時々襲う。

ここに来る途中、島の釣り具屋によって様子を聞いた。

「そうねえ、あんたらが狙うサバは今年はさっぱり入ってこないねえ。そのかわりシマアジがきていますよ。よっぽどタイミング音痴とか島運の悪い人でないかぎり釣れるでしょう」

「何いいい！　し、シマアジだとう……」

西澤がいきなり鼻の穴を五百円玉ぐらいに広げた。

「シマアジといったらあの綺麗なシマアジですか。島で釣れたアジだからシマアジ、というハナシじゃないでしょうね」

「たまにイサキもきますよ」

「エッ。イサキですか。イワサキでもイセキでもないイサキれすね」

おれたちはさらにコウフンする。

なんだか面倒くさい連中がきたなあ、という顔をして親父はシマアジ用の仕掛けやコマセを用意してくれた。

店を出るとクルマの中を駆けだしたいくらいのハヤル心と鼻息が充満している。

「いそげ、ウッチー。シマアジがせめて十匹は残っているまでに！」

島の交通量は少ないから飛ばせばいくらでも、というような具合になっているがその途中で島にしてはかなり大きな火葬場を見た。

「運転、気いつけてな。この道は釣れる魚の話を聞いて焦ってクルマ飛ばす釣り人が多くて火葬場も忙しいらしいですわ」

大阪からきた三本川が誰に聞いたかそんなことを言う。彼は恐怖の全身痛風男で必ず体のどこかが痛風腫れでいろいろあちこち傾きながらやってくる。今回は何がどうしたのか新品だというつんつるてんのスーツ上下にリュックサックを背負って現れた、という謎の関西人だ。

釣り部の岡本部長とエース海仁がワゴン車の後ろでタックルボックスを覗きなにやら秘密っぽい相談をしている。彼らはみんながやろうとしている単純なサビキやウキ仕掛けではなくルアー（疑似餌）の投げ釣りでいくようだ。つまりとびきりの大物狙いである。

堤防には島の釣り人が数人しかいない。

さすが黒潮をのぞむ沖合は、堤防から見ても地球を感じさせる水平線の円弧を描いて堂々たる貫禄だ。大きな波がときどき堤防の上まであがってきて洗っていく。

みんな竿を引き延ばし、それぞれの仕掛けづくりに突入した。一刻も早く竿を海に振り下ろしたいのだ。

いつもでかいのを仕留めてくる岡本と海仁は堤防の突端まで行って長い竿を出した。

その横の比較的波の静かな堤防に残りのメンバー十数人ほどが肩を寄せあうようにして竿を出している。

三十分ぐらいはそのままだった。釣り人が向こう側の太陽の光によってシルエットになりつつあるがまだなんの動きもない。

ぼくは堤防にもたれかかり、竿は出さずによく冷えたビールを出して十分満足して

快晴の空の下、ずらっと並んで竿を出す

いた。

　雑魚釣り隊も結成して随分長くなった。メンバーに多少の入れ替えはあったが、最初の頃からくらべるとみんな格段にうまくなっている。誰でもそうなんだろうが、じわじわ慣れて、魚のちょっとしたアタリやバラシを繰り返していくうちにある段階から急にどどっとみんな一緒にたくさん釣れだす、ということがよくあった。堤防だとその魚が回遊してきたときとか、仲間の誰かが釣って競争心が煽られたりしたときだ。

　でも今は三十分ぐらい何の動きもない。ぼくは二本目の缶ビールをプチンとあける。

　こうしてご隠居さんのように堤防にも

たれて太陽の光を浴び、日頃の疲れを海風に流しているような状態が至福である。

西澤がやった！

そんな素晴らしい時間を楽しんでいると、いきなりカエルを踏みつぶしたような声がして誰かがなにかやったようだった。すぐコウフンするケンタロウが何か釣ったか竿を折ったかタックルボックスを海に落としたか。

しかしそのどれでもなかった。久しぶりに島にやってきた名嘉元が何かあげたのだ。三十センチぐらいのショゴ（カンパチの幼魚）だった。幼魚といえども名門カンパチである。

「やったさあ。苦心して故郷でしこんで持ってきたエサがやっぱりモノをいったのさあ」

沖縄の伊江島育ちの名嘉元はどこかの島への遠征となると俄然生き生きとする。そして最初に獲物をあげたのが相当に嬉しそうだった。

しばらくして「よしきた！」という渋い声がした。西澤だった。弓なりになった竿の先に見るからにうまそうなサカナがピチピチと跳ねている。これぞまさしくシマアジであった。「わあ！」まわりにいる雑魚釣り隊がサカナを見に集まってくる。一キロはないが四十センチぐらいのいかにも食べごろという良型だった。

「これで寿司にすると八貫はできますかね」

誰かが言っているのが聞こえる。

「すると十匹で八十貫だ」

「とすると三十匹で、おお！　なんと二百四十貫。食い切れるかなあ」

「なにをバカなこと言っている。お前らもすぐさまこういうのを釣れ！」

そばで虚《むな》しい計算をしていたのはショカツや京セラたち最下層ドレイであった。西澤に怒られて彼らも慌てて自分の竿先を見る。

京セラのウキが消しこんだらしいがアワセに失敗してまた西澤に怒られている。西澤はそういうあいだにも五〜六匹、同じようなシマアジを二十分もしないうちに十匹ぐらい釣りあげているようだ。

二分で一匹。こういうのを入れ食いというのだろう。彼の最初の仕掛けづくり、コマセをどこに撒いて、いいタナ（深さ）をどうとっていくか。そういう総合的なことが海の中のシマアジに好まれているようだ。

「おおい、誰かクーラーボックスをおれの足もとに持ってきてくれえ」

西澤が叫んでいる。

かかったシマアジをハリからはずしクーラーボックスにまで持っていく時間も惜しくなっているようだ。船釣りを好まず、あくまでも堤防からの太竿投げで勝負するのに固執している西澤の面目躍如《めんもくやくじょ》という具合になっているようだった。

ケンタロウが呼んでいる。どうやら堤防で見物しているぼくを呼んでいるようだ。

「なにかね？」

彼のほうに行くと「シーナさんも僕の竿を持って西澤さんのウキを落としたあたりに同じように仕掛けを入れてみてください」などと言う。言われたとおりやってみると一分もしないうちにワカシ（ブリの幼魚）がかかった。もう一度入れるとシマアジがあがってきた。三分で二匹。ぼくはもうそれで十分であった。

「さあ、釣るぞ！」と新島の堤防で気合満々の雑魚釣り隊

テントは風よけになりそうな大きな木の下に張る

次々釣れるシマアジに西澤大興奮「このまま食べちゃいたい！」

隊長はたった二投で二匹釣るという「省エネ釣法」で食べ頃サイズのシマアジを釣りあげた

ショゴを釣った名嘉元は「一番最初に釣ったさあ」とご機嫌

旨さに悶絶！　人間回転寿司

蒼い空　蒼い海の東京

東京都には離島がいっぱいある、というと怪訝な顔をする人がけっこういる。山の手に住んでおしゃれな街で買い物し、おいしいいろんな料理を食べている人々には理解できない話になっているらしい。けれど簡単な話、東京から房総半島、伊豆半島あたりまでの地図を見れば一目瞭然、大きな東京湾から少し出た先には、人口八千人に近い大島があるし、その周辺に利島、新島、神津島、三宅島、御蔵島など、そこそこスケールのある島々が主に縦方向に並び、その先は八丈島となり、これらを伊豆七島と呼んでいる。

この「伊豆」というのがモンダイなんだね。あまり海に興味がなく、島々もどうでもいいやと思っている人が何の知識も得ずにその名称を目にすると、これらの島々は伊豆半島のある静岡県に所属している島だろうと思う可能性が強い。名称が東京諸島などとなっていればこんな誤解は生じなかったろう。

ぼくはたびたび伊豆諸島に行き、目標としては小笠原諸島にまで通じる全島に上陸したいと思っている。だからまだかなりの人が東京には島なんかないと思っているらしいと聞くと、くやしくてならない。伊豆諸島のそれぞれの島に行けばすぐわかるが、走っている車はみんな品川ナンバーだ。東京から約千キロの遠方にある小笠原諸島の島々を走る車だって品川ナンバーだ。

それがどうした、と言われるといきなり困るのだが、東京都の皆さんよ、東京はおしゃれな盛り場ばかりではなく、見回せば紺碧の海と空、白い雲しか見えない美しすぎる島々を擁していて、行こうと思えば簡単に行けるのだ。

今回の話は前回の「新島シマアジ入れ食い騒動」の続編ということになるのだが、前回は、タイトルが示す通り、釣魚界ではかなりビッグな高級魚の地位にあるシマアジが、食いきれないほどの大量の釣果となったので、ついついコーフンして島に着いて一服もしないうちにわさわさ釣り上げてしまった入れ食い大漁の話に先走ってしまった。

今回の目的のひとつはさっき書いたように、東京の島々は魅力に満ちていて、そこに行くのも案外簡単なのだ、ということをもう少しちゃんと書いておくべきだと、この続編を書く前にハッと気がついた次第。だから話は少し巻き戻しするが、我々雑魚釣り隊は竹芝桟橋から本隊十五名が出航し、その一方で東京の調布飛行場から出ている軽飛行機に乗った五人のメンバーの二派に分かれての新島上陸となった。

誰が空へ、誰が海を

そのとき、搭乗してから四十分で現地に到着してしまえる飛行機に誰が乗っていくのかということでひと悶着あった。それにはいろいろな要因がからんでいて、前回はそのへんの話はふっ飛ばしてしまったのだが、やはり正確な記録という意味も込めてその顛末にも触れておくべきだと考え直した。

飛行機組は、まあ隊長であるぼくが行かないと、先方でのイベント関係に支障をきたすので、特権待遇として乗せてもらった。他には名嘉元とザコとウッチー。それに今回から初参加となった寿司職人の今井竜介《リョースケ》の五人だった。

今度の釣り遠征はおれたちが島に行って、ただ魚が釣れた釣れないと大騒ぎするだけではなく、調布から軽飛行機で一時間以内に簡単に着いてしまえるという事実を踏まえ、島と本土の交流を本格的に進めていこうという大きな企図があった。島に行ったら島の多くの人々と触れ合い、島の魚でうまい島酒くみかわし、まあこれからも仲良く経済方面にまで発展させていこうじゃないか！　という目的が大きかったのだ。

我々が新島に行くのはそれが三回目だったが、新島に限らず、雑魚釣り隊が船で行こうとすると想像もできないようなアクシデントがこれまで何度かあった。細かくは書かないが、最もむなしかったのは、船が欠航して誰一人島に到着しなかったということもあったのだ。

今回船に乗るのは十五人だが、本当はおれも飛行機で行きたいとぶつぶつ言っているのが二人いた。ひとりは天野であり、彼の出席率は非常に高いのだが超多感級の船酔い体質で、ごくごく平凡な陸《おか》っぱりに出て、船溜まりの中の小さな波で漁船がちょっと上下しているのを見ているだけで、ああ、もうダメ！と叫んでぶっ倒れてしまう。

もう一人はドレイ頭《がしら》の竹田で、スポーツライターとして世界中に取材旅に出ているわりには船には弱く、しかし酒には強いという困った体質なのである。つまり一つの航海に出ようとするとき、乗船する前から酒をがばがば飲んでほぼ酩酊状態で船に乗り、寝込んでしまえば、先方に到着したときにはもう爽快な朝という作戦を立てるのだが、せっかく陸で仕込んだ酒の酔いも、船が出て十分もするとさめてしまって、今度は船の方の強烈なゲロ酔い方向に突入していくという困った弱点を持っているのである。

釣り人エバル。ダメな人うつむく

そうしてここから前回の続きに突入する。

羽伏浦に行った我々は、肌にギリギリ突き刺さってくるような強烈な太陽に向かって海全体がそっくりお返しの反射をしているような中で、各自それぞれのやり方で、それぞれのエモノを狙うところとなり、このところしばらく鳴りをひそめていた陸っぱりに固執する西澤が、釣魚としてはめったに陸から釣れたりはしない四十センチ級のシマアジをじゃんじゃん釣り上げていたところまで書いた。

西澤以外のメンバーの釣りを編集者の目で観察していたケンタロウのレポートによると、人によって反応が様々だったことがわかりなかなか面白い。ケンタロウが一番不思議に思っていたのは、西澤が連続技でシマアジを釣り上げているそばで、京セラも同じように竿をしならせシマアジをひっかけるのだが、そのすべてをリールを巻いて抜き上げるときにたちまちバラしてしまうことであった。

「最初は不思議に思っていたんですよ。だって十回ヒットさせて引き抜こうとすると十回また海に戻してしまうんですから、もったいないやら腹立たしいやら」

シマアジを釣りまくる西澤だが、そのフォームはへっぴり腰だ

その隣では我々が台湾に遠征した時に出会って、それが縁かどうかわからないが、日本の企業に就業した台湾人の單《たん》さんが、釣りはほとんど素人です、と言いながらけっこうこまめに釣り上げていた。

京セラのごとく十回釣って十回バラすというアホたれと比べて、いいのかやっぱりだめなのかよくわからないのが、結局一匹も釣れなかった岡本、海仁、マキエイ、ザコ、天野の五人であった。まあ彼らにはそれなりの釣れなかった理由があるのだが、ケンタロウや名嘉元などはけっこうな数の魚を仕留めていた。

この日文句なしの竿頭（チームで一番数を釣った人）だった西澤の勝利者インタビューをちょっと再録しておこう。

久々の入れ食いとなった西澤は、「超個人的陸っぱり番付でいけば、サバが前頭二枚目、ムロアジがクサヤにすれば前頭三枚目というところ。メジナが前頭筆頭、イサキが大関、そうしてシマアジが横綱ですな。この横綱をまあワシ一人で二十匹は釣ったでしょう。ワハハハハハ」。

釣り部ボロクソ

雑魚釣り隊には「釣り部」という、親亀の上に子亀を乗せて的組織がある。うまいのヘタなの入りまじって我々は全国各地に突撃してきたわけだが、釣り部のメンバーはかなり確率高く狙いの魚を釣り上げてきた。今回も久々の離島遠征ということもあって、岡本部長などは相当に気合を入れての新島攻撃だった。岡本は他のメンバーとは違ってルアー（疑似餌）専門である。ということはサバやシマアジなどは相手にせず、最低でも数キロはある大物を狙っている。その岡本部長の敗戦の弁。

「今回は、五キロ以上の大型青物（カンパチやヒラマサ）に狙いを絞ったタックルのセッティングでした。リーダー（先イト）十二号に六十〜八十グラムのジグやプラグ（ルアーの名）をつけ、粘っこくキャストし続けましたが、やる気のある大型魚が通過しなかったということです。陸っぱりのジギングではよくある話ですね」

　そばで聞いていたけど、ぼくには何を言ってるんだかわからない。

　この岡本部長と並んで釣り部で最も頼れる男、海仁の敗戦の弁。

「島での陸っぱりということで、最初からルアーでの大型の青物に狙いを絞っていました。アタリは一回だけありましたが、アワセに失敗してしまったのが痛恨でした。小さなナブラ（小魚の群れが大魚に追われて海面にまで上がってきてさざ波を立てる様子）が立ったりと条件は悪くなかったと思いますが、まあ仕方ないです。西澤さんから釣り部の奴らはだめだと言われましたが、とにかくこのチームは釣った人が偉いので反論はありません。ただ、西澤さんのへっぴり腰のフォームだけは絶対変だと思うし、かっこ悪いと思うんですよねェ」

　まあ戦いの成果はこのような主役たちの高笑いとコンチキショウの弁を代表としておくが、最終的な釣果は書いておこう。

　シマアジ約三十匹、イサキ三匹、ワカシ（ブリの幼魚）五匹、ショゴ（カンパチの幼魚）一匹、メジナ五匹、サンバソウ（イシダイの幼魚）二匹、フエダイの仲間一匹といったところで、それぞれに悲喜こもごもながら、全体に呵々《かか》大笑の気分でキャンプ地に戻ったのだった。

ドレイがさっさと下ごしらえ

最近の雑魚釣り隊は毎月一度の釣魚旅に出るごとに獲物を自分たちで処理して、いかにうまく食べるかということにも相当な成長を見せてきた。思えば雑魚釣り遠征第一回の大島などを思い出すとうつむいて冷や汗が出る。

大島では十人がかりで魚らしいものは一匹も釣れず、かわいい顔をして寄ってくるハリセンボンをみんなでだまして捕まえて、食ってしまった。後で聞いたらそのハリセンボンは大島メメズ浜のアイドルであったという。恥ずかしい記憶である。その陣頭指揮をとったのは、つまり十年前のぼくだったのである。釣る方はまだまだ実力は平均安定していないが、釣ってきたものを捌くコンビネーションは、キャンプ地に戻って炊事場で見ているだけで、思わず「みんな偉いぞ」と叫びたくなるぐらいの成長ぶりなのだ。

そうして今回は先にも紹介したように、リョースケという本職の寿司職人が加わっている。小笠原諸島の父島出身の三十五歳で、高校進学を機に本土に渡り、全国各地で修業した。いまは店舗を構えず要請があれば包丁一本どんなところでも素早く出張し、求められるままにいろんな寿司をいくらでも握ってしまうという頼りになる男なのだ。

そのためこの日の夕食は獲物のほとんどがリョースケの手によって握り寿司になっていった。知っている人もいるかと思うが、伊豆諸島の島々には独特の島寿司というものがあり、これは主に青魚をヅケにして、酢飯の上に洋ガラシを乗せて握られる。今回はこれといわゆるフツーの握り寿司の二本立てとなった。

じゃんじゃん出てくる握り寿司

それらの準備をしながら「わら焼き」という、やはり我々が釣ってきた獲物を使った酒の肴の焼きたてをどさっと出してくれるし、時々寿司にはならない小さな魚を使ってそれぞれ高級料理そのものの肴が出てきたりと、いつもと違う新鮮高級寿司店の気配になっていた。もっともその場所は屋根だけの吹きっさらしの炊事場のコンクリート台の上だが。

リョースケがそれらの寿司を作る下支えになったのは、その日参加した若手ドレイたちの素早い下ごしらえで、そういう風景を見ながら、おれたちは東京で最もうまい寿司を作れる集団になっているのではないかという力強い感想を持った。

　ケンタロウに呼ばれてリョースケの前のテーブルに隊長であるぼくと、竿頭である西澤が座ると自然に二貫ずつポンポンと目の前に出るようになっていてびっくりした。なにしろ新鮮なネタだからうまいのなんの。赤酢のシャリを使っているので、同じ魚を具にしていても全く味が違う。うなるほどうまいので、うめえうめえと四個ほど食ったところで、ぼくと西澤は背後にただならぬ殺気をほぼ同時に感じた。他の連中が周りに集まってきて口々に早く食いてえ、おれにも食わせろ、ずるいぞ二人とも、殺《や》っちまうか！　いてこましたるでえ……などという声が聞こえる。そばには出刃包丁も数本置かれているし、ぼくは隊長としての分別で西澤の横腹をつつき、その臨時の付け台から離れた。とたんに背後にいる連中がどっと押し寄せてくる気配があったので、ぼくは大声をあげた。

「みんな、ちょっと落ち着け。おれらはいま取材仕事として食ったんだ。これからみんなに腹いっぱい食わせるから押すんじゃない。こら足をひっぱるんじゃない。椅子をかたむけるな！」

　しだいにぼくはかなり本気で防御態勢に入った。そしてそのときひらめいた！　今、回転寿司が盛んだがあの方式をここに取り入れたらどうだろうか。そこで全員少し落

ち着くように静かな声で、

「これからはおまえらがリョースケのまわりをぐるぐる回り、正面にきたら二貫ずつ与えられる、という『人間回転寿司作戦』をとるからな。二貫食ったらすみやかに次の者にかわり、また最後尾について順番がきたらまた食える。飯とタネがある限り寿司は握られ続けるから何回まわってもいいことにしよう」

こういうときは大きい声で叫んでもだめだと、まあ年の功でわかっていたのでそうやって静かに説得し、危ういところで騒乱を防いだのであった。

わしらはぐるぐる回る

この日のリョースケの寿司は、シマアジ、イサキ（皮はあぶってある）、ワカシ（わら焼き）、島寿司の四種類だった。

その一方で、やはりプロの料理人のザコが、特製のソップ鍋というものを作っていた。手羽先入りのちゃんこ鍋のことで、手羽先の他に大根、白菜、油揚げ、エノキなど野菜もたくさん。その他にマーボー豆腐、しいたけネギ炒め、クサヤと明日葉のマヨネーズあえ、豆腐の青唐辛子オイルかけなどなど、珍しい大ごちそうが並んだのであった。

この頃から外は嵐になっていた。吹きっさらしのコンクリート厨房だからすぐに補修班が出動し、たくさんあるタープでほとんど調理場を囲むようにして風雨を避ける作業をし、大漁島寿司の宴は果てしなく続いたのであった。

翌日は申しわけないくらいの快晴となった。その日はぐしゃぐしゃになったテントやシュラフを強烈太陽で乾かし、その日の夜にひらかれるTOKYOガストロノミーツーリズムの人々との交流会に備えた。内地から飛行機や船でやってきたお客さんと島の人々が「ふれあい農園」に集結し、各関係者が大集合しての宴会が行われた。大きな会場にはすでに百人ほどの島の人や島外からやってきた参加者が集まっていたが、どんどん新しい顔がやってくる。我々はそれらのお客さんのために魚関係の調理仕事に加わった。

宴会場のテーブルには島の人が作ってくれた島料理のいろいろがずらりと並んでいた。明日葉の茎のきんぴら、明日葉の天ぷら、明日葉おにぎり、キンメダイの煮付け、キンメダイのアクアパッツァ、アメリカ芋のフライ、くさや、タイの刺し身などなどである。さらにタイのカマ、アメリカ芋のひっつぶし、アオムロのさつま揚げ、赤大根の酢漬け、そうして柔らかくて味の深いアメリカ芋で造った島焼酎がふるまわれ、東京と島が本当にひょいとやってこられるくらい近いのだ、ということを実感した。

雑魚釣り隊は島の人々とたちまち仲良くなり、これからも双方の食材を交換し、たびたびカンパイしようといっぱい握手をしたのだった。

LAGER BEER

新島のキャンプ場が寿司屋に早変わり。ネタは釣りたての
高級魚たち。もしかしてこの寿司屋は日本一旨いかも!?

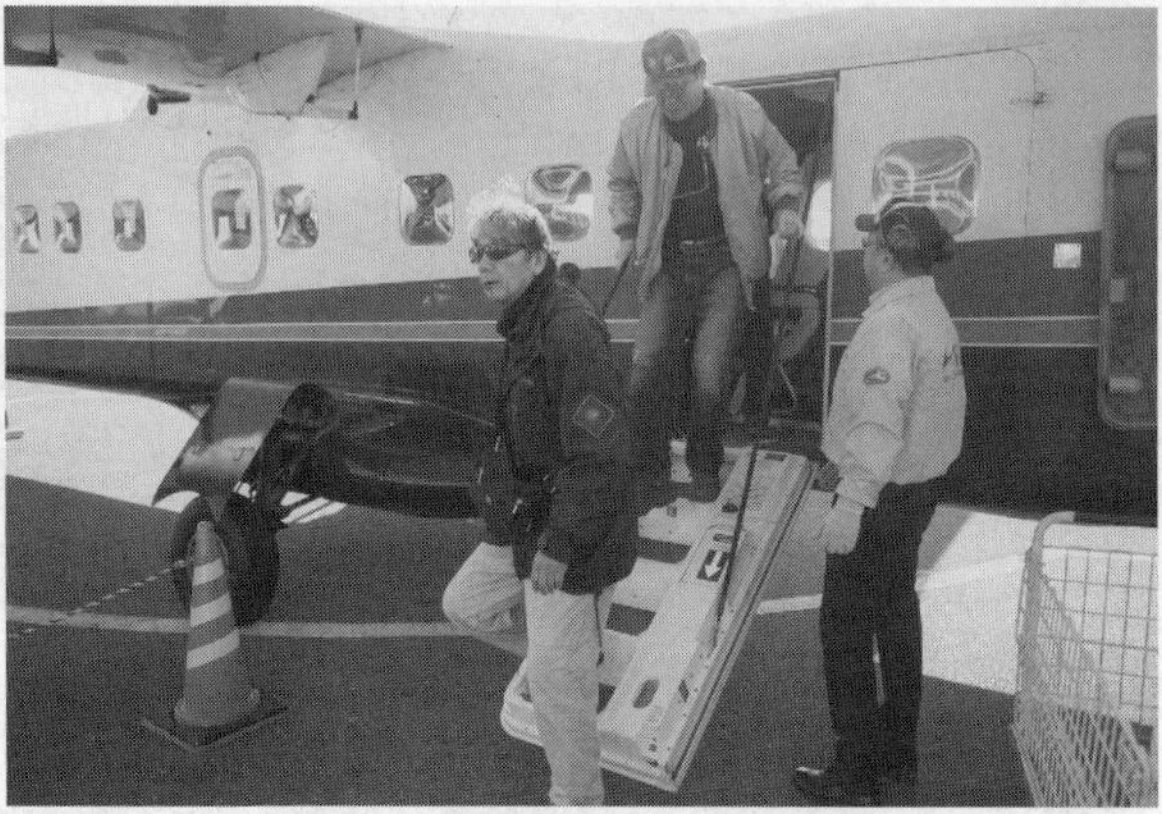

隊長は調布飛行場からわずか四十分で上陸

空から見た新島
の港は美しい

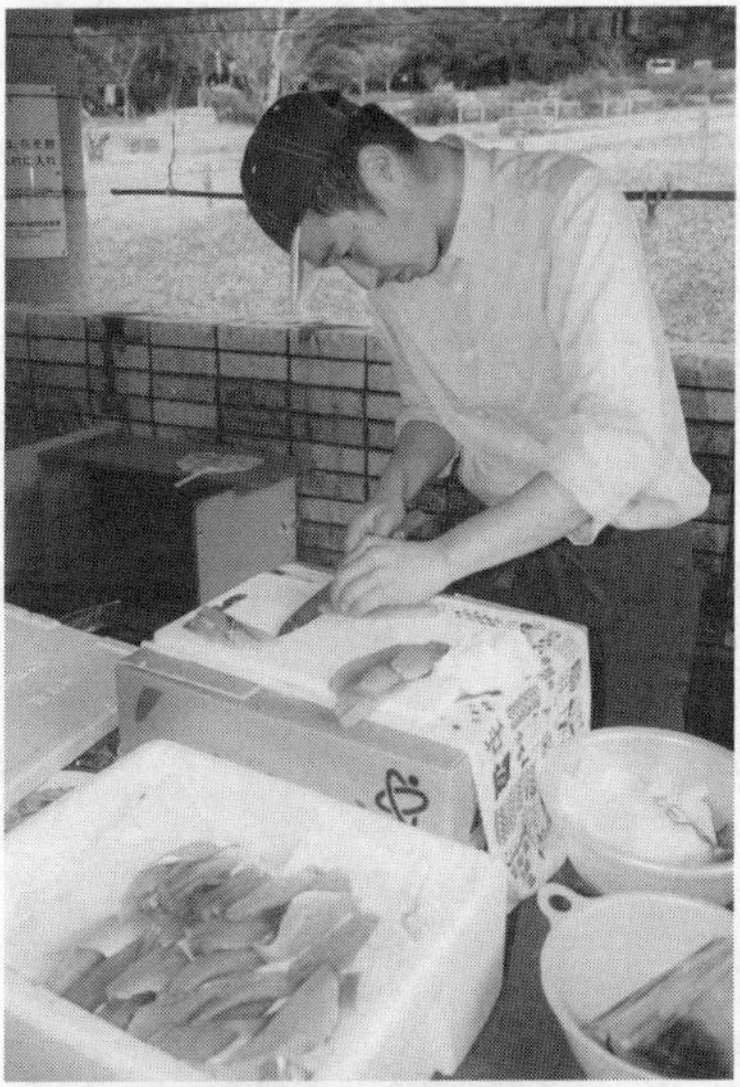

釣った魚はドレイたちがどんどん捌き、リョースケが寿司ネタサイズに仕上げる

背後に隊員たちの殺気を感じながら寿司を食べる隊長と西澤。人間回転寿司の輪はネタが尽きるまで途切れなかった

カワハギの肝だめし

居酒屋怖い

魚を釣って食う。おれたちは釣ったばかりの魚を海を前にしたキャンプ地で捌くのだから、とんでもなく新鮮だ。うまいに決まっている。魚料理に酒はつきもの。相乗効果というやつで酒もとびきりうまい。つい食い過ぎ、飲み過ぎになってしまう。

来月はどこへ行って何を釣るか、などということを相談するときの場所は圧倒的に居酒屋が多い。まだ行ったことのない釣りの候補地などを想像するだけで嬉しくなってつい酒を飲み過ぎてしまう。街なかであっても酒の肴は魚を食うことが多い。気がつくとたくさん飲み、たくさん食ってしまっている。雑魚釣り隊はこの十年そういう日々を送ってきた。

そんなわけで居酒屋のメニューを見るのは楽しいが、近頃はちょっと覚悟というか度胸がいるようになった。居酒屋のメニューが怖いのだ。

そんなことを言うと多くのヒトに「何を言ってるんだ！」と呆れた顔をされる。

少し前まではそんなことはなかった。とくに地方都市の居酒屋などでは胸おどらせてメニューを見たものだ。珍しい名前の魚など見つけるとすぐに注文した。どんな魚がどんな恰好で出てくるのか待っているときからすでに楽しかった。それが最近はそういうことでもなくなってしまった。

問題は「プリン体」である。本など見ると細胞の核酸を構成する主成分をそういうらしいのだが、これをたくさん摂取すると尿酸値が高くなり、尿酸値が高い期間が長く続くと痛風を発症することになると書いてある。文字通りこれの発作が出ると風が吹き抜けるだけで涙が出るほど痛い、という。七日〜十日ぐらいは歩くのもやっとだし、眠れないこともあるという。

宮沢賢治の詩の反対で「サウイフモノニワタシハナリタクナイ」。

プリン体の含有率は食物によっていろいろちがっている。まずビールは、プリン体の含有量はそれほどでなくとも、アルコールの作用で尿酸値が上昇するらしい。食物では魚が多く、とくにタマゴ（魚卵）やシラコなどにはきっしりプリン体が詰まっているようだ。そのもっとも濃度、凝縮率の高いのがアンキモと聞いていた。アンコウの肝である。むかしはこれを食べるとうまくてうまくて世の中の風景が変わって見えた。アンキモ大王様のおかげです、とひれ伏したくなった。

しかし大変うまいこの魚卵と肝は痛風にはとくに注意したほうがいい、ということがわかってきた。我々の仲間にすでに痛風を発症したのが数人いて、その先人の体験的教えがあったのだ。

釣りは竿ではなくて腕だよ

船釣りというのはまだ世の中が暗い早朝に漁港を出る。身を切るような冷たい風、ときおり左右の船端から波しぶきがあがり、間が悪いと早朝から海水シャワーを浴びる。

雑魚釣り隊が今回狙うのはカワハギだった。これが選ばれたのには訳がある。冒頭述べた痛風が関係している。今のところ誰が痛風を発症していて、誰が無傷であるかわかっている。すでに痛風にやられた者は仲間の隊員が一人でも多く痛風を発症して「雑魚釣り痛風友の会」に加入してもらいたい。痛みをわかちあいたい。しかし痛風の気配をまだ感じていない連中は、友達甲斐もなくそうはいかないもんね、というタイドだ。

そこでアンコウの肝の次に肝が大きくてうまい、と定評のカワハギをたくさん釣ってカワハギの肝の軍艦巻きをつくり、カワハギの肝を醬油にとかしたやつで誰がどのくらい食えるのかを試してみるのはどうかということになったのだ。

すでに痛風になっている連中はどうせもう何を食っても痛風なんだから、という居直り状態になっている。まだ痛風になっていない者はアンキモ大王の第一の子分、カワハギの肝の軍艦巻きを果てしなく食うことができる。痛風者の前で思う存分食って「ああうまい。こういうのを節操を持って食ってきたからだろうなあ」といやがらせを言う。悔しがる痛風者の前でどんどん食う。しかしそれによってその日以降、自分が痛風になってしまうかもしれないというひそかな恐怖がある。今回の釣りはそういう文字どおり「肝だめし」というテーマがあった。

が、それでも根底に「カワハギ釣りは楽しい」という明るいテーマもあった。

カワハギの釣り餌はアサリである。ゆれる船の中、かじかむ指先の痛さに耐えながらあの小さなアサリの身に小さなハリをさす。首尾よくカワハギのいるところに仕掛けを落としても、カワハギはあのおちょぼ口で狡猾にアサリだけツンツンつついてエサだけもっていってしまうというエサとり名人でもあるから、誘い方や釣り方にいろいろ工夫が必要となり、釣果に個人差がはげしい。つまりクロウト向けの釣り魚といっていい。

いちばんカワハギ釣りに燃えていたのはケンタロウだった。今回の釣りを前にケンタロウは六万五千円の竿を新調した。その一方で、やはりカワハギ釣り好きの太陽は自分で自分の竿を作る、という匠の方向に進んでいた。いろんな本を読んで研究し、材料はもちろん竿作りの道具なども買い揃えて完成させたがその費用は五千円。それでケンタロウの六万五千円竿に勝負を挑む、という前哨戦があった。

雑魚釣り隊のエース、海仁が太陽の作った竿を点検し「ちょっと短いと思ったけれど、先調子（竿がしなる時、先端に負荷がかかるように作られた竿。アタリがとりやすく、繊細な釣りに向いている）だし、意外にケンタロウよりも釣っちゃうかもしれないよ。ま、カワハギに限らず釣りは竿じゃなくて腕だけどね」

と、タタカイ前の双方をキッパリ刺激することを言ったのだった。

太陽のコーフン

出港したのは千葉県富津《ふっつ》市の金谷港。カワハギ釣りで人気のあるところだ。理由はポイントが近く、魚影が濃いこと。ほどよいところにきてまず竿を出す。水深三十メートル。オモリ二十五号。三カ所ほどさぐってみたが誰にもアタリはない。この日の挑戦者は竿自慢の二人のほかに宍戸、海仁、三嶋、コンちゃん、ザコ、ベンゴシ、ドウム、デン、京セラ。

気温は三度。最初の三ポイントがまったくアタリの気配もなかったので釣り人たちに早くも焦りと緊張感が増す。

「今日は痛風と肝の関係性をしっかり実証するためにも目標は一人十匹です。十一人乗っているのでとにかく百匹はめざしましょう」

ケンタロウがゲキをとばす。六万五千円も投じているからだろう。ケンタロウの張り切りようはさすがで、最初の一匹を釣りあげたのもケンタロウだった。

「やっぱり竿かなあ」

そばで太陽が過剰に悔しがる。そのあとすぐにコンちゃんが良型をあげた。釣り専門誌で長いこと仕事をしていたので彼はどんな魚でも確実に釣りあげる。

「すごいなあ。本当に釣れるんだなあ」船釣り新人のデンが訳のわからないことを言っている。

「釣りは竿じゃないんですよ」と言って、貸し竿の宍戸がコンと同じくらいの良型をあげる。この人はどこへ行っても異彩をはなち、雑魚釣り隊で一番ヒキがいいんじゃないかと言われている。

数分の沈黙のあと「うおっしゃあーーー」と、劇画みたいな声をだして太陽が竿をあげ、もの凄いスピードでリールを巻いている。

それを見て海仁とコンちゃんが「巻くのがはやすぎる!」「バレちゃうぞ」と注意するがコーフンしている太陽には聞こえない。

そうして釣りあげたのはいままでで一番大きな二十五センチオーバーの大物だった。お腹もパンパンのいわゆる「肝パン」というやつである。

「自分が作った竿でも釣れるんだ。何万円もする竿なんてつかわなくていいんだ。やっぱり釣りは腕だ。腕なんだ!」

太陽のコーフンはしばらくおさまらなかった。

仕掛けがわかりません

反対側の舷では三嶋が恍惚とした表情でリールを巻いていた。あがってきたのはこれも良型。「アタリをとるのが難しいけれどなかなかフトコロの深い釣りですね」

そこから少し離れたところで並んで竿を出しているドウム、京セラ、デンのドレイトリオはなにも動きがない。

「ここにはカワハギはいません。そういうコトがわかりました」

ドウムが三人を代表しておもちゃの兵隊のようにして言う。

自作の竿で良型を釣りあげた太陽は見事、竿頭に

「いや、いるかもしれないのですが、せっかく竿もリールも買ってきたのにどうやって使うのかわからないのれす」

デンが個人的に報告する。

太陽は最初の一匹を釣ってから絶好調となった。かならずみんなを驚かすような釣りをする宍戸は、カワハギの一荷（二匹同時掛け）という美しくも強引な釣技を見せた。

前回の新島シマアジ釣りで歩いているうちに立木にぶつかって指の骨を折る、というこれまた不思議な技を見せたエース海仁は、まだ完治していないのが響いていたのか時間をかけて一匹やっと釣って調子が出てきた。

後半になってきてドウム、京セラ、デン

らも外道のトラギスやベラに舐められながらもようやくカワハギを釣りだした。どうやって仕掛けを作るかわかったらしい。

最終的な釣果はこんなふうだった。

宍戸＝六、海仁＝六、三嶋＝四、コン＝十一、ザコ＝六、太陽＝十二、ベンゴシ＝八、ドウム＝三、デン＝二、京セラ＝三、ケンタロウ＝十一。合計七十二匹。

目標にはやや届かなかったが、その夜の「肝だめし大会」には十分足りる量だった。

妖怪「さんぼんがわ」がやってきた

その日の宿は館山にある貸し別荘。広いリビングフロアがあり二階は寝室になっている。広い台所は清潔で、雑魚釣り隊の調理人らに人気がある。

その日は釣りに出なかった俺、天野、トオル、ウッチーが遅い午後に到着した。カワハギをさばく直前に「ちわーす」と言って岡本が顔を出した。ルアー使いの岡本はルアーではとてもカワハギは狙えないので単身大原に行き、そこから釣り船に乗って大きなカンパチとオニカサゴ、ユメカサゴをクーラーボックスに入れて持ってきた。カンパチは刺し身に、カサゴ系は煮つけ方向へ。これで今夜の食卓はまた一段と派手にゴーカになってきた。

厨房には雑魚釣り隊の二大調理人、ザコとトオルがいるからとびきりうまいものを作ってくれる筈である。

まずカワハギの下ごしらえ。これは最近すっかり刺し身作りのうまくなったドレイ隊が分業制でチャッチャカやる。まずケンタロウがドレイ隊員らに実例でレクチャーする。

ツノの後ろのあたりに包丁を入れ、背骨を断ち切る。頭と胴体を持って左右に引っ張ると簡単かつキレイに分かれる。黄色い「苦《にが》ダマ」を潰さないようにして貴重な肝をとりだす。ここがいちばん大事で、皮は手で簡単にはがせる。カワハギだからなあ。

そういうところに本日の主役「さんぼんがわ」がなんとなく不安定に左右にかしぎながらあらわれた。彼はいつも大阪からやってくるのだ。本当は「川野」という名前なのだが初対面の人などに名前をおしえるとき、文字からの説明「さんぼんがわに野原の野いいますねん」と自己紹介するのでいつのまにか「さんぼんがわ」のほうで呼ばれるようになっていた。彼は重度の「慢性痛風男」で痛風歴十九年になる。

「これまで発症して痛んだところは順番に右足親指、左足親指、右足首、左足首、右膝、左膝、両膝。このときは辛かった。立つこともできへんし、仕事も休みましたわ。

そのあとが右肘、左肘、右人指し指第三関節。このときはパソコンのマウスも持てへんかった。そんでまた左膝、左足首、右足首。膝は十回ぐらい水がたまってそのたびに六十cc～八十ccほど抜いてますねん。黄色っぽいオレンジスムージー的なものが出ましたわ。ワイは妖怪かもしれへんで」

さんぼんがわの体験談がはじまると、なんとなく身に覚えのありそうな顔がじわじわ集まってきた。

「足首や膝や踵が腫れあがったときは寝ころがっても疼くし関節に画鋲がなん十個も入って暴れているかんじやな。もちろん眠れまへん。自然と涙が出てきますわ」

そういうところへ「へいお待ちー」と言って京セラとドゥムがカワハギの軍艦巻きをどさっと持ってきた。プリン体の無敵艦隊みたいだ。

「ウワーアッ～」

思わずさんぼんがわのけぞる。計画的とはいえ涙の闘病記を聞いていると、大阪からわざわざきた人をみんなで弄《もてあそ》んでいるみたいで「すまなかった」という気持ちになった。

おのれチリメンジャコ

と言っているおれも昨年いきなり足指が痛んだ。ついに恐れていたものがきたか、と覚悟したが、意外にちゃんと歩けるし、靴下もはけた。その日は外出の予定があったので靴をコルセットがわりに編み上げのものにしたらその日一日の行動は普通にできた。翌日痛みがわずかに残っている程度。風が吹いても痛くなくて（家の中まで風は入ってこなかったけれど）これは日帰り痛風、もしくは痛風もどきというのではないか、と思った。

翌月尿酸値を測ってもらうと九㎎／dℓ。医師にいつ痛風が発症してもおかしくない数字です、とキッパリ言われた。だから痛風予備軍には間違いない。隊員のなかにはすでにハッキリ発症している者もいた。ギリギリ数値の者もいた。

それでも自虐的にみんなカワハギの軍艦巻きを食った。さんぼんがわも「これにわいの人生賭けるんやで」と言いながら何個か食っていた。エライ！

さんぼんがわが聴講したという「痛風・尿酸財団」の痛風セミナーでもらってきたパンフレットを見てみんなで学習することにした。痛風になる過程はべつにして、どんな釣魚や、居酒屋に並ぶものが用心すべきものになるのか、というところがもっぱら注目された。

指標は百グラムあたりのプリン体の量（mg）である。これを見て「えっ？」となったのがアンコウの肝であった。生の肝が104で、カツオの刺し身211より断然いい奴なのだ。マグロも157だし、マイワシの干物ときたら305と実に凶悪である。いちばんガツンときたのがチリメンジャコの1108だった。チリメンジャコなんてあんな可愛い顔をして腹の底ではなにを考えているかわからないのだ。プリン体うじゃうじゃと思っていた魚卵系を見ると、イクラがなんと3・7だ。ヒトケタでっせ。おれはイクラが大好きなのにこの数年イクラ弁当など極力避けていた。無知は恥ずかしいし損だ。これからはイクラをイクラでも食ってやる。少し希望が湧いた。

貸し竿でもこの通り。宍戸は
二匹まとめて釣ってみせた

大量のカワハギと肝を
前に隊長も少し不安顔

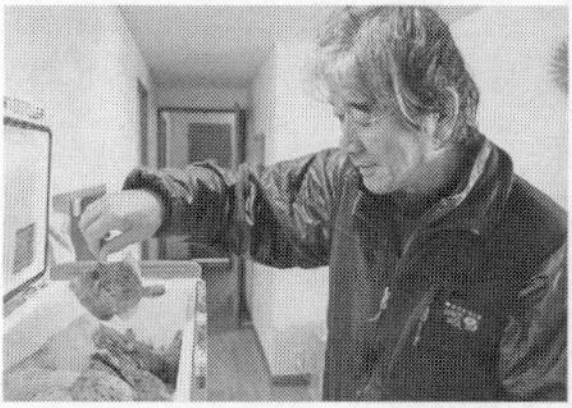

雑魚釣り隊には痛風予備軍がたくさん！　それでも恐れずに食うのだ！

怖いよ〜。見るからにうまそうな肝軍艦（上)。透き通るカワハギの刺し身はもちろん肝醤油か肝ポン酢で！

「ウワ〜ッ！」さんぼんがわ、決死の軍艦二個一気食い！オレもうこれ食ってすぐさま死ぬんだ！

宮古島ぱいかじ作戦

池間島カツオ釣りの思い出

毎年二月はいつも悩む。人間もオサカナも寒さでヤル気をなくしているからだ。そこで関東一円より絶対暖かい南の島に遠征することになった。雑魚釣り隊としては初めて上陸する宮古島である。年間平均気温二十三・三度。東京からみたら別世界だろう。暖かい海流が島のまわりを巡っているからキチンと場所を選べばカツオやマグロまで狙えるようだ。

二十年ぐらい前に取材仕事でこのカツオ釣りを何日間か体験したことがあった。宮古島に隣接する池間島にカツオ漁の基地があり、ぼくはまずそのうちの一隻に乗り込んでカツオの一本釣りをやらせてもらった。

出航は早朝四時。なんとか間に合って乗せてもらった。海人《うみんちゅ》は十人ほどいた。沖に出て二十分ぐらいすると海人数人が海に潜り、ヒコイワシの幼魚を直径六メートルぐらいの網にちょっとした追い込み漁のようにして捕獲し、水槽いっぱいそれを入れる。カツオ漁のエサにするのだ。

それから本格的にナブラさがしに出かける。ようやく海面が明るくなったくらいの時間だった。ナブラというのは海面スレスレに小魚が浮上してきて、さざ波を立てているところだ。下からカツオなどの大きな魚の群れに追われて逃れてきたイワシなどの群れを、空からは鳥たちが狙って文字どおり上を下への大騒ぎになるからカツオの群れを探すには丁度いい目印になる。

ナブラの真上に着くと船首をぐるりと囲むように取り付けられたパイプの沢山の穴からポンプであげた海水をジョウロのように放水し沢山の小魚が海面に群れているように見せかける。同時にさっき捕ってきたエサのイワシを大量にばらまく。海人らは船首のまわりにみんな並び、カエシのないハリをつけた竿を一斉に突っ込むとたちまちカツオが食いついてくる。ものすごいヒキである。

それをぶっこ抜くようにして背後にある甲板に叩きつける。その衝撃でカツオからハリがはずれ、エサをつけるなどということを一切せずにまた海に竿を突っ込むと、すぐに三〜四キロはあるカツオがびゅいんとかかる、というわけだ。

ぼくもその末席にすわらせてもらった。これはシロウトでもカツオを海面からぶっこ抜く力があれば確実にできる。ただしナブラをつくっている小魚はすぐに移動していくので勝負は三〜五分だ。それでも全員あわせるとその数分で八十〜百匹ぐらいはあげている。

タタカイのような釣りがはじまると背後の甲板に叩きつけられたカツオがバタバタ暴れる音があまりにも物凄く、最初はいささか竦《すく》んでしまったくらいだった。暴れるカツオはうまい具合につけられた傾斜をすべり、自動的に船倉にバタバタ暴れながらおさまっていく。

カツオの一本釣りはもはや釣りの範疇をこえ、狩猟という感覚だった。ひと勝負おわる頃には漁労長が双眼鏡で次のナブラを見つけており、ソレっというように船は次の獲物の群れをめがけて突っ走っていく。

若手見習いのような海人がいて手早くとりたてのカツオを何本かさばき、サクにしたものをバケツの中にいれた酢につけこんでいる。ひるめしの弁当のおかずになるのだという。

この酢づけのカツオがうまかった。大きな弁当箱にぎっしりのめしを酢ガツオだけで「うめえうめえ」と唸りながらワシワシ食ったのを思い出す。

やる気のない釣り具店

宮古島は東京から直行便で行っても三時間はかかる。近隣の外国に行けてしまう時間距離だ。飛行機から降りてみるとはっきり温度差がわかる。季節がキッパリ違うという感じだ。雑魚釣り隊もこれだけ遠くなるとさすがに参加率は減るが、それでも十一人集まった。

まず獲物は何を狙えるのか、釣り具店を見つけて聞きに行った。今回の参加者で本人も我々も非常に期待しているメンバーの一人は沖縄の伊江島出身の名嘉元だ。宮古島は彼の故郷の島よりもさらに南に位置しているが、南島のいぶきはさして変わらないのか顔つきがいつもと違っている。

島にむかう途中で「おれたちにとっては南の島の釣りはあまり知識がないのだけれど、果たして何が釣れるかねえ」

と、西澤が彼に聞いた。

「アイゴさあ。あれなら陸《おか》っぱりでも軽く二十〜三十。まかしといてよ」

アイゴ?

「沖縄のあらゆるところで売っているスクガラスというのがあるでしょう。あの豆腐の上にのっかっている小さなサカナがそれさあ。トゲに毒があるから大きいのが釣れたら注意してね」

「大きいのが釣れたらどうやって食うんかな」

「マース煮（塩水で煮る）で十分さあ。白身の魚でやさしい味がするからね」

「だんぜん泡盛にあいそうだな」

などとワイワイやりながら釣り具店に入っていった。こういうときいつも最初に聞く言葉は決まっている。

「今堤防でなにが釣れてますか？」

「堤防釣りかい。そうだなあ。そういう釣りだと何も釣れないことがあるからよお。釣れますよ、なんて言えないんだよ。堤防じゃなくて船に乗れ、船に。そうしたら何か釣れるかもしれない」

ずいぶんあっさりしている、というよりもずいぶんやる気のない返事だ。

「平良《ひらら》の堤防でアイゴが釣れるって聞いたんだけど」

「あんたら東京から来たんだろう。せっかくそんな遠くから来たんだから何か大きなの釣っていきなよ。船に乗れ、船に。そうしたらマグロでもカツオでも釣れるからさ」

釣り具店のおやじさんはそればっかり。おれたち十年もこんなことをやってんだから、そんなコトわかっている。ただ今回は持ってくる釣り道具も万全ではないし、せっかく南の島に来たのだからここちのいい海風に吹かれて雑魚釣り隊の主流である堤防釣りでのんびりやってみようじゃないか、という気持ちになっていたのだ。

釣り具店のおやじは最後まで船に乗れ、船に乗れ、とばかり言っているのであきらめて堤防で各自好みの雑魚釣りでいこう、ということになった。

ヒラヒラドレスの小魚ちゃん

サビキ、胴付き、チョイ投げ、ルアーといった本当に各自好みの道具を手にして堤防に並んだ。よく晴れたいい日だったが我々のほかには誰もいない。ということはやはり堤防では釣れないんだろうか。あるいはライバルがいないからこれはいい兆候なんだか。

一番最初に「おっ釣れるじゃねーか」と竿をあげたのは西澤だった。たしかに竿の先に熱帯魚みたいな小さくて派手なオサカナがヒラヒラドレスをふるわせるようにしてぶらさがっている。

次に「こっちもきましたあ」と竿をあげたのはケンタロウだった。でもこっちも小さくて派手な南国のベラだ。

ショカツと天野がなんだかわからないがやっぱり小さなサカナをあげた。堤防に並ぶとどうしても競争意識が出てきて、いかに赤ちゃんサイズの魚でもまず何か釣ると安心するものだ。その反対に何もかからない者は単純にアセル。いやアキル。

堤防の下の海は透き通ってとても綺麗だ。しかしそれだけにこれではさしたる魚はいないようだなあ、というアキラメの気持ちが先にたつ。ルアーをやっている奴が沖から何か大きなのを釣ってくれたら、という期待をもつが、ピクリともしない。ルアー名人の岡本もいないし、なんでも恰好のつく獲物を釣ってくれるコンちゃんもいない。つまりもっとも雑魚釣り隊の本流を行く、なーんにも期待できないメンバーなのだ。

しかし堤防に行けば南の島の風が吹いている。南風は「ぱいかじ」という。それに吹かれるだけでも十分、という気持ちもある。

「おれにまかしてくれればなんでも沖縄の魚釣ってしまうさあ」と言っていた名嘉元の愛するアイゴはかげもかたちもない。

釣り具店のおやじがしつこいくらいに船に乗れ、船に乗れと言っていたのが耳に蘇ってくる。でも午後も遅くなっていて今からではどうにも絶対に遅い。

「まあこの頃、雑魚釣り隊は分不相応にカンパチとかカワハギとかシマアジなんかを大量捕獲していたからそろそろこのへんで原点に戻る、というふうに思えば……」

ケンタロウが言う。

「なんだとう。東京の海は寒いから南の島に行ったらもう別世界のウハウハですよ、とかなんとか言っていたのは誰なんだこのやろう」

西澤、いつものようにかんたんに逆上する。

でも今回は仕方がないところが多々あったのだ。宮古島へ行こうぜ、と言いだしたのはワタクシであった。

今年（二〇一八年）始まった島を舞台にした「宮古島文学賞」の選考委員を命じられて、そういう限定されたテーマの文学というのにとても興味があったのでお引き受けした。もともと島が好きで、日本のいろんな島を旅していた時期があったことだし。すでに一カ月前に選考会があって受賞者もきまり、その日のぼくの用件はその表彰式に出ればよいだけだった。

「せっかくの島だからみんなで行かないか。魚釣りに」と言ったら、何が釣れるのかわからないのにあっという間に十一人も集まってしまった、というわけなのだった。

だから簡単に言うとまるっきりの「ついで釣り」だ。でも釣り趣味のヒトは海があるかぎりそこに行けばなんとかなる！　と力を込めて錯覚してしまっているのが常なのであった。ちょぼちょぼ釣れるのが喫茶店なんかによくある水槽の中をヒラヒラ泳いでいる赤青黄色のカラフル小魚であっても、みんなそこそこ面白がっているようだった。

気のきいた沖縄古民家

その隙にぼくは文学賞の表彰式が行われる会場のホテルに出かけた。そこで総合選評ということをごにょごにょほざき、アトラクションの琉球舞踊を鑑賞し、頃合いを見て本日の宿舎に行った。さすがにいくら竿を出しても南国雑魚しかかからないのでみんなあきらめて宿に戻っていた。

我々が泊まっているのは空港からクルマで十五分ぐらいのところにある「かたあきの里」という琉球の古民家をそのまま模して建築した旅行者むけの貸し家で、いろいろサイズと中の様式の違う同じような古民家が七戸あって、ちょっとした集落のようなたたずまいになっている。

入っていくとまだ木の香りがするような素晴らしいところで、誰だか知らないけれどよくこんないいところを探したなあ、と感心していると、先乗りした竹田が見つけたのだという。ドレイ頭《がしら》の竹田はこの頃信じられないくらいオファーのあるフリー

東京の寒さから逃げて宮古島の古民家風貸し家へとやってきた
雑魚釣り隊。シーナ隊長もゴーヤを持ってやる気満々だ

のスポーツライターとなっていて、世界中を飛び回ってなんでも対応できる、というたいへん便利な男なのだ。

その竹田は部屋にいなかった。聞けば、ちょうどその頃、平昌《ピョンチャン》の冬季オリンピックの最中で、彼はカーリングの取材を徹底的にやっているから、今はあちこちからインタビューや原稿の依頼が入っている。その日は日本がイギリスと対戦しているときだったからテレビのあるところに陣取って仕事をしているという。

夕方前にその日の十一人ぶんの夕食と明日のあさめしの買い出しをしなければならない。カツオ船、マグロ船の港がある島だからまずはその両方だな、とみんなで頷く。どちらも刺し身最低五キロはいるな。

「この島のマグロは近海もののナマだからうまいよお！」

そんなところに大城さんという女性がやってきて「雑魚釣り隊のみなさんですよね」と言いながら大きなマグロとカツオを持ってきてくれた。マグロなど十一人がかりでも食い切れるだろうか、という量だった。全員歓喜、逆上する。

大城さんはその日、表彰式のあった宮古島文学賞の実行委員長をしている品のいい女性だ。前回ぼくがきたとき、まだ本決まりではなかったが、次の表彰式のときに十人ほどの釣り仲間とやってくるかもしれませんよ、と話していたのだが、そのときに
「じゃあマグロを差し入れしましょうねえ」と言ってくれた。それをちゃんと覚えていてくれたのだ。

「買い物班、マグロ、カツオはもう足りたぞう」

出発する前に間に合ってよかった。名嘉元を先頭に四人の買い物班が島のスーパーにむかった。

南島の市場はものが豊富で野菜類ときたら色とりどりで目がくらむ。

「とにかくチャンプルーだ。ソーメン、ゴーヤ、島豆腐、沖縄すば、豚肉の味噌漬け、スパム、それからえーと」

手あたりしだい、という感じでカートにほうりこんでいく。二泊三日ぶんだからそこまで計算して買い込むとしめて四万円となった。まあ十一人もいるからなあ。それでもすべて自炊だからこの程度ですむのだ。それにマグロ、カツオは買わなくても大丈夫だし。

買い物の途中で宮古島名物直立警官人形「まもる君」を見つけ写真を撮った。あちこちの交差点などにきちんと背筋を伸ばして直立し、早いスピードで走ってくるクルマなんかを威圧している。むかしは東京でもところどころで似たようなものを見かけたが、今はもういなくなった筈だ。

宮古島の「まもる君」は顔全体が南国風に濃ゆいのが特徴だ。

縁台を出してそこでかるく一杯

堤防で釣ったのは全部堂々たる雑魚だった。南国雑魚。全部海に戻してきた。雑魚釣り隊は久しぶりにその本道に戻ったのである。

思えばこの一年ぐらい我々はなんのかんのといいつつ何かしら大勢の夕食になるオサカナを釣ってきた。今回は久しぶりに釣果なし。ボウズというやつである。はるばる遠い島まで遠征してきたのにちょっと悔しいが、今年は春の気配が殆どない東京の寒さから逃れて、ビーサンにTシャツでもいい、という外気の中にいてみんなの気持ちはゆったりしているみたいだ。

我々が宿舎に借りた沖縄風の古民家のつくりや調度品などもなかなかいい。縁台があったのでそれを庭に出し、泡盛のロックなど飲んでいるとあたりがゆっくり暮れていく。

そのうちにマグロとカツオのでっかい刺し身が山盛りになって出てきた。刺し身というより切り身と言ったほうがいいかもしれない迫力で、これがまあなんとも強烈にうまいこと。沖縄では醤油にコーレーグース一（唐がらしの泡盛漬け）をまぜて辛くしてアヒアヒ化して食うことが多いので、我々もそれを真似した。泡盛にこのアヒアヒ辛い刺し身がちょうどあって、どうもこれはそうとういい夜を迎えることになりそうだった。

堤防から自分の好きな釣り方で雑魚を狙う。これぞ雑魚釣り隊の本道！

竿を出してすぐに西澤が釣った南国風小魚

天野が釣ったベラの仲間は真っ赤なドレスを着ていた

気持ちのいい太陽の光と風を浴びながら真っ昼間に庭で宴会のヨロコビ

どどーんと盛りつけられたマグロとカツオ。名嘉元特製のゴーヤチャンプルーは東京で食べるよりずっとうまく感じる。これも旅の醍醐味だ

山上湖のヒメマスは湖底でホホホと笑う

美しい只見《ただみ》川と山上湖

只見川は尾瀬沼を起点に、福島県の会津地方を縦断してゆったりくねっていく大きな川だ。川沿いには二両列車が走り、一時は時おり蒸気機関車が走るというサービスがあった。雪が積もっている時などはいわゆる〝撮り鉄〟の人々が沿線のビューポイントに何人も三脚をたててまちかまえていたりする。

しかし二〇一一年に起きた史上まれな大雨によって、只見川上部のダムの貯水量が危険水位をこえたので、貯めていた水を解放した。かなり大きなダムだからそれらが一斉に放水されると下流はどういうことになるのか、という不安は素人にもわかる。

そのとき知ったのが、この大きな河川のダムには管理人としての人間が一人も従事していないという現実だった。データだけを頼りに都市にいる管理者が大量の放水をすれば、下流がどういう惨状になっていくかなど、簡単にいえば、気にしないという乱暴極まりない放水だったのだ。

ぼくは福島県金山町《かねやままち》からその奥にある奥会津の各所に、ここ二十年ほどたびたび行っている。一度は、一カ月半にわたる映画ロケをしていたので、このあたりの川と湖

カルデラ湖でもある沼沢湖は神秘的なたたずまいで我々を迎えてくれた

と山々の、季節によってはこの世のものとも思えない美しい景観を充分堪能していた。

しかしこのダム群のとんでもない大量放水によって、只見川を越える鉄橋が三つ破壊された。ダムの中で作業をする鉄製の運搬船が、奔流によって流され、それが橋脚に激突し、橋はもろくも崩れ落ちてしまったのだ。川岸の家々にはたくさん床下、床上浸水があり、大惨事となった。

けれど福島の原発事故が起きて間もない頃の災害だったので、何かイメージ的に混同されてしまったようなところがあり、この災害はあまり広く伝えられなかった。

只見川は放射能汚染水が混じり、これが美しい山上湖である沼沢湖も汚した。あまり知られていないが、沼沢湖は非常に深い湖で湖面の標高が高く、只見川から深夜に水をくみ上げて水力発電し、その電力を東京に送るという役割を持っている。だから只見川が汚染されると同時に、沼沢湖も汚染されてしまうのだ。そのような一連の事故が起きる前までは、沼沢湖はぼくたちのある種秘密の美しすぎる山上湖だった。

あたりには雪を抱いた連山が取り囲み、ところどころにミネラル豊富なおいしい水が流れる渓流がある。湖のぐるりにはこういうところによくある広告看板など全くなしで、文字通りの山上湖の素顔の美しさを見せてくれている。よく観光地の湖などで、頭でっかちで周辺のバランスと全くそぐわないスワンボートなどが走っていてうんざりさせられることがあるが、そういうオロカな光景もなかった。

この湖にはヒメマスが生息している。陸封型のベニザケで、北海道と本州のいくつかの湖ぐらいでしかとれない。大きさは二十〜三十センチで、銀色に輝く魚体はこういう姿でなければあの美しい山上湖には住めません、とばかりに神々しい。

バカウマ「カツ丼」が待っている

さて、我々雑魚釣り隊は、元々が沖釣り雑誌『つり丸』が発祥母体で、それからどんどんメンバーが増えていき、今は必ずしも海を釣り場と限らず、川でも沼でもそこらの水たまりでも竿を出していいのだが、本格的な渓流釣りをやるメンツはあまりいないので、こういう美しすぎる山上湖を前にすると何をどうしたらいいのかわからなくなってしまう。

今回はこの奥会津でヒメマスを中心としたシンポジウムが行われるので、かねてからここととの付き合いの濃い我々雑魚釣り隊が、たまには山の美しい湖でお姫様を狙ったらどうだ、と現地で一番の友人、坂内譲と手を組んで、この奥会津の魅力をＰＲするボランティア活動をしている星賢孝が我々を迎えてくれた。

東京からクルマで急いで五時間、普通に行って六時間ぐらいかかる。山の上のほうは積雪が四メートルほどあると聞いたが、さすが雪国、除雪の効率のいい仕事は徹底的で、山上湖を目指す道はほとんど雪壁の中をするする走って行くようなものだった。

この奥会津にはもうひとつ我々には切っても切れない重大目標地がある。それは「こぶし館」という第三セクターがやっている食堂で、現在は「道の駅奥会津かねやま」というぶっきらぼうな名前に変わってしまった。奥会津に行くぞ、と言うと、メンバーの多くは「またこぶし館のカツ丼と手打ちそばの組み合わせが食えるんだなあ」と誰しもが空を見上げてヨロコビ笑うのだった。

そこに着くまで、サービスエリアなどで余計なものなど食わないで行くという習性が身についているから、みんなハラペコでこの店に入っていくので、肉厚の大きな揚げたてカツ丼と、辛みダイコンをつゆに入れて食べるそばの組み合わせが、何といっても第一目標のひとつだ。

今回の参加者はぼくの他に、雑魚釣り隊客人待遇の太田トクヤ、隊員の西澤、コン、ウッチー、ケンタロウ、それから大阪勢のヤブちゃん、さんぼんがわ、ショカツという三バカトリオが揃っていた。

彼らは大阪からほぼ一日かけて日本の裏街道を飛ばしてここまでやってきたのだ。その熱情にはいつも感心する。今回のルートを聞くと日本海側をずっと夜通し走ってきたという。疲れてくると、三バカの一人がクルマの中で「カツ丼大盛り、そば大盛り」と叫び、他の二人もそれを斉唱するというイメージトレーニングが功を奏したらしい。東京からきた連中よりも早く、彼らはこの集合場所のカツ丼、そば屋に到着。

満腹になってみんなでお腹をさすりながら、いよいよ沼沢湖に向かうことになった。

ボートと陸からの攻撃

沼沢湖とその周辺は無人だった。まわりを連山のように切り立った山がとり囲み、雪の沢が見える。世の中にこんなに美しい山と湖があるのか！　とため息が出るほどだ。

我々を案内してくれたのは漁協の鈴木茂組合長と猪俣昭夫副組合長で、小さなボートなので釣り人乗員は各ボート二人までと言われた。

鈴木組合長が、「まだまだ水温が低いから、釣れるかどうかわからないけれど、この間ちょっと試しにやってみて釣れたポイントがあるから、いっちょうそこに行きましょう」と、まあ出発のあいさつ。

ぼくとトクヤは街ではいつもケンカをしているのだが、こういうところにくると風景に負けて、お互いにいつになく優しい気持ちになり、せいぜいがんばっていい獲物をとりましょう、などと手に手を握りしおらしいコトを話していた。

我々を見送った陸《おか》釣り隊はルアー釣りをやることになっていた。漁協から少し離れた岸壁を目指し、十メートルほど高いところからルアーを投げる。そこへ行くまでシヨカツがちょっとたじろいでいる。

「あのお、あそこまでどうやって行くんですか？」

「どうやって行くって、雪の上を歩いていくんじゃないの」

と譲。しかしそのとき同時に、ショカツが減りつぶしたゲタでやって来ていることに気がついた。

ショカツといえばすぐにゲタと連想ゲームが成立するぐらいゲタ好きの不思議な青年で、夏の場合は下駄だと蒸れなくてみんなからうらやましがられるが、このいたるところ雪だらけの釣り場では、ほぼ雪の上を裸足で歩くような状態になっていた。一足歩むごとに「ぎゃおぎゃお」言いながら歩いている。

我々を案内してくれる漁協の二人は「大正の頃から放流が始まりましたから、今ここには四十万匹いるんですよ」と驚くべきことを言った。

「え、ここにヒメマスが四十万匹いるんですか。どこにいるんですか。見せてください」

と言っても、ボートの上からは美しい水のほかは魚の姿はまるで見えない。

「今日はまだ四月一日の解禁を前にした試験的な早釣りだから、やっぱりちょっと無理かもしれないなあ」

と組合長の不吉なつぶやき。

「それでもせっかくやってこられた皆さんに一匹でも釣ってもらいたいから、我々はどんどん奥に進んでいきましょう」

と副組合長はボートを湖の中心へと流していく。山上湖は風が急速に冷たくなる。

ひっくり返ったら二分でボートに戻らないと命が危ない、と何度か言われた。

四十万匹はどこだ!?

岸のほうでは陸っぱりの連中が竿を振り回しながら、それぞれ釣れそうだと強引に信じたところに陣取っている。裸足ですり減りゲタのまま歩いて来るショカツは立ちどまっては足に息を吹きかけヒーハーヒーハー言っている。

その彼らの陸っぱりぶりを見ていると、

「あんな高いところから投げても、魚は見向きもしないだろうね」

と太田トクヤ。彼らから見るとずっと水の近くにいる我々も、副組合長の竿も含めて三人ともぴくりとも動かない。

「そもそもルアーのアタリってどういうんだ」

と西澤が十メートルぐらいの頭の上で誰かに聞いている。

「よくわかりませんが、ガバッとかピクッとかあるんじゃないですか」

とルアーなどろくにやったこともないケンタロウがどうでもいいことを言っている。

釣りを開始してから一時間半ぐらい経過したが、あいかわらずボート部隊もルアー部隊もアタリひとつない。

「本当に四十万匹いるんですかね」

太田トクヤがあんまり聞いてはいけないようなことをついポッリと言う。

「ええ、四十万匹生息しているのは本当で、もう十五〜二十センチぐらいに育っているはずなんですが、やはりまだ水温が低いので上まで上がってくるのが少ないんじゃないかと思うんですよ」

ケンタロウの説明よりは明確だが、どっちにしても釣れない魚釣りほどつまらないものはない。

そのうちに副組合長は「皆さん竿を水面に平行にしてトローリングをやってみましょう」と言った。

こうなったらとにかく何でもやるっきゃないという気分だ。何しろその日は予定していたヒメマス料理がないと宴会の座卓の中心部がぽかりと過疎化集落のように空いてしまうのだ。

ひたすら焦っているうちにどんどん風は冷たくなってくる。湖全体が外輪山ふうに囲んでいる谷や樹木の陰に入るのももうわずかだろう。日が落ちていくと寒さはぐいぐい厳しくなってくる。まあそのうちぼくとトクヤ、そしてもう一艘に乗ったコンと

ウッチーからも、ちょっと腰が痛くなってきたなあ、とか襟元が寒いなあなどという泣き言が出てきて、察しのいい組合長は、

「やはりちょっと一、二週間ほど早かったようですね。皆さん四月の解禁日にはぜひまたやって来て、竿を入れればたちまちかかるという醍醐味を味わってください」

と申し訳なさそうに言った。方針転換といってももう一カ月先にやりましょう、という遠大なものだった。

陸では西澤がもうとうに竿を持つ手を放し空を見ながら「ヒメマスは四十万匹で大空に去っていきました」などとつぶやいている。

卓上のバカウマヒメマス

釣りが終わると、あとは本日の温泉と宴会というダブルメインイベントが待っている。この辺りは温泉銀座で、いたるところにひなびた民宿的な湯治場がたくさんある。ほとんどが源泉百パーセントかけ流しの湯で、町の人もその日によって温泉を選ぶという贅沢ぶりだ。

旅館の大広間にはたくさんの料理が並んでいた。こういうときは事前に確保してお

いたヒメマスが並んでいるものだが、よほどまだ生育状態がよくなかったのか、そのいけにえのヒメマスすら影もない。ここでの宴会ももうぼくは二十回ほども体験しているが、みんな各種源泉のあわせ湯などという豪華なものに浸かってきたから、幸せこの上ない。

宴席はたちまち地元の人など六十人ぐらいのお客でいっぱいになった。半分ぐらいは知った顔で、思えばぼくも本当に長いことこの山里に遊びに来ているのだなあと、しばし感慨無量となった。二十年前にいた少年はもう青年になっているし、壮年の人はそれなりに老人になっている。みんな山で働いているから顔色もよく健康そのもので、何よりも宴会が始まって五分もすると座卓中の人間があちこち動きまわり、お酒のつぎっこ合戦が猛烈だ。

ぼくは奥会津に来ると、白濁酒がうまくてしょうがない。これを飲むと普段あまり日本酒を飲まないぼくも、いやあ、日本の伝統的な酒はうまいなあ、とつくづく唸ってしまうのだった。

そのうちに誰かがどこかに隠してあったらしいヒメマスが二十匹ほど出てきた。釣りの面倒を見てくれた猪俣さんにぼくは聞いた。

「ヒメマスのいちばんうまい食い方を教えてください」

「うーん、まあどんなのでもヒメマスは上品でうまいといわれているけれど、小さいやつはカラアゲがいいですね。頭からばりばり食っていけるし。塩焼きにするんなら三、四年の大きさがやっぱりうまい。季節で言うと春先はまだ小さいのが多いんですが脂がのってます。秋になると十、十一月が産卵期なので卵に栄養をとられちゃって、ちょっと身がぱさつきますね。個人的には二年物の小さいやつから三年物がおすすめです」

なるほどこの湖の湖畔に住んでいる人だけあって、表現が具体的でわかりやすい。

「今言った中でいちばんうまいのはどれですか」と聞くのをつい忘れてしまったので、まあ競争率も激しいから、一番手前にあるやつをがぶりと嚙んだ。頭から嚙んだけれど、口の中でその全部が潰れてしまうぐらいやわらかい。それはヒメマスの塩焼きだった。

雪が残る奥会津でシーナ隊長と盟友・トクヤがヒメマスを狙う。
都会の喧騒を離れ、ふたりともいつになく穏やかな表情だ

陸っぱり組は岸から見送る。分かりづらいがショカツ（右から２人目）が履いているのは下駄だ

ヒメマスの塩焼きは上品でむちゃくちゃうまい！

待望釣り日和、初島のサスペンス

さあ、また島に行くか

いつものように新宿の居酒屋で雑魚釣り隊の幹部数人が集まり「さあ次はどこにすっか」という行き先および狙う魚をきめる話し合いがおこなわれた。

「今年は冬が長かったよな」

「船で沖に行くのも、堤防で竿出すのも長時間になると辛かった」

「魚もそう言ってた」

「最近の魚は根性がないからなあ」

「だってわたしらずっとその冷たい海水のなかですからねって言ってたぞ」

「でもちゃんと春がきた」

「あったかい堤防でビール飲みながら竿を出したいなあ」

「魚もそう言ってた」

「なんで魚が竿出すんだよ」

「いやあったかい堤防のそばでイキのいいイソメに食いつきたいってさ」

「同じ堤防でも島に行くとけっこうそういうヤルキのある魚が釣れるよな」

「去年の新島ではシマアジが爆釣だったな」

「島に行きたいなあ」

でも今回みんなの予定は一泊二日しか余裕はないから島への遠征は難しい。やっぱり関東のどこかの漁港ぐらいにしか行けないかなあ。少し落胆しながら地図を見ていた一人が、「おう！　見過ごしていた島があるぞ」

と叫んだ。そいつが指し示したのは熱海の沖合約十キロほどのところにある「初島」だった。そこなら東京からクルマで二時間程度。フェリーで三十分だ。

「いままで見落としてたな」

「すまなかった」

みんなで詫びながら目的地がきまった。でも何が釣れるのかまだわからない。これまでの幾多の経験からも、その時期釣れる魚は現地（島）まで行かないとわからないことが多い。

「とにかく行ってみることだな」

「おう！」

あっけなく目的地がきまった。

今はスマホでなんでも調べられる。

「や！　初島はメジナの宝庫、って書いてあるぞ」

「いいじゃないか」

「キャンプできるかなあ」

「そろそろ焚き火キャンプの季節だからなあ」

その日集まって最初の相談だったキャンプ旅は「初島」では焚き火は難しいようだ、ということがわかった。なにしろ島は周囲四キロで人口二百人ちょっと。個人がテントを張るキャンプは基本的には禁止なので、宿泊は内地（？）にまた戻って周辺のコテージを探すしかないようだった。

「ま、いいか。キャンプというとたくさんの荷物を持っていかなきゃならないからな」

場所がきまるのが遅かったけれど、連絡してみると十七人が「行くぞ」と言ってきた。アメリカからタカも来るという。

「みんな暇なんだなあ」

自分らのことはタナにあげておれたちは準備に入った。

しかし、果たして十七人も泊まれて自炊して、という都合のいい場所はあるのか。

そういうとき仲間のベンゴシベンちゃんが不思議な調査能力を発揮するのを思いだ

し、ケンタロウはベンと連絡をとった。

彼は田中という名でまだ若いが実は有能ベンゴシだ。新宿三丁目界隈を酔ってフラフラ歩いているときはまことに危なっかしいが、昼間、酔っていないときは突如プロ的探査能力を発揮する。どういう方法で調べるのかわからないが、すぐに熱海の奥の山の上に手頃な貸し別荘を探してきた。三階建て。三十人ぐらい泊まれて一人五千四百円とまあまあのお値段だ。

キャンプにしろこういう大きなコテージ泊にしろ、おれたちの場合は本格的な自炊であり、今回はザコとトオルというプロの料理人が参加するので下手な旅館に泊まるよりよほどうまいものにありつける。

時間厳守

まあ釣り場所と泊まれるところが見つかったのでおれたちは安心して午前五時、いつもの集合出発場所である新宿三丁目に集まった。先発隊はとりあえずクルマ四台。別のところから個人ごとに三台ほどやってくるらしい。先発隊の予定の人数から一人足りない。似田貝だ。約束の時間に遅れる奴が悪いのだからおれたちは遅れた奴は待たないことにしている。遅れた奴は自己責任でたどりつけばいいのだ。すぐに出発。

走りだして十五分ぐらいした頃、似田貝から電話があった。変わった名字だがニタガイと読む。彼は女房のことを「ワイフ」と呼ぶ。隊のなかでは天野に次ぐ大食い巨漢であり、ワイフの次にごはん茶碗の「しろめし」が好きで、ほうっておくと飯だけで八杯ぐらい連続して食ってしまう。豪快な食い方が面白いので、おれはマンガ盛り君の天野とこの似田貝がいつも参加してくれるのを楽しみにしている。

ケンタロウにかかってきた彼からの電話は、

「もしもし、すいません。ええと、寝坊してしまいまして、いまタクシーでむかっております。あと十五分ほどで着くと思います」

その電話をケンタロウの横で聞いていた若頭（ヤクザみたいだが要するに全体のまとめ係。ときどき酔って暴れると手がつけられない）の西澤がうばいとり、

「バカヤロウ。なんでおれたちがお前を待たなきゃいけねえんだ！　そのタクシーでそのまま熱海まできやがれ！　フェリーに乗り遅れたらお前は今晩のしろめし抜きだからな」

ガチャン！　というやつである。似田貝はそのまま進路変更、東京駅へとむかい、東海道線で一人熱海をめざすことになった。

けたたましい出航

本隊は予定どおり六時三十分過ぎに目的地に到着。フェリーの出る時間が迫っているからすぐに釣り具屋にむかった。

「コンチワー。これから初島に行くんだけど何が釣れるんですか。おれはたちまちメジナ釣っちまうからいいんだけど、後ろにいるこいつらは全員トウシロウなんでそういうバカは何したらいいか教えてください」

西澤が大きい声で聞く。

「サビキ（疑似餌を十本ぐらいつけたお手軽仕掛け）でタカベが釣れるよ」

「えっ？　タカベ？　あの焼いたらむちゃくちゃ旨いタカベですか？」

「そう、フェリーが着く岸壁からね」

「堤防からタカベがサビキで釣れる？　本当ですか？」

「ほんと、ほんと。カタは小さいけれど正真正銘、あのタカベだよ」

一緒に釣り具屋にきた大物狙いの「雑魚釣り隊釣り部」部長の岡本とエースの海仁も驚いている。

「おーし。すぐエサ買ってすぐ船に乗ろう」

やはり初島にしてよかった。いつもコトの成り行きを心配している本誌編集担当のケンタロウの顔にようやくホホエミが出てきた。

フェリーに乗ると一般的な観光客ふうの姿は少ないが釣り関係の人々がけっこう多い。

「おい、お前ら。ドレイども。岸に着いたら堤防の一番いいとこ。先端のあたりだな。そこにむかって荷物持ってみんなしてすぐ走れ！　全力で走れ。イキオイつけすぎて堤防から落ちてもいいからとにかく走れ」

西澤はドレイ部隊のレジェンドであるドウムやデン、京セラ、ベンゴシ、ウッチーらにゲキを飛ばす。頭の上はまったくパーフェクトに快晴。風そよそよ。海は凪。こんな素晴らしい釣り日和は久しぶりだ。

堤防に出るとみんな散ってしまうからケンタロウが全員に弁当を配って歩いている。デッキのベンチに座ってじっと目をつぶっている百三十キロの天野に「カラアゲ、トンカツ、天ぷら、アブラアゲのギトギトまぜごはんのどれがいいですか」と聞いている。

「わあ、やめてくれえええ。いまゲロが喉のところまであがってきているのを、必死になって昔好きだったファミコンゲームのことを考えて抑えこんでいたのに。わあ。もう、だめそうです。それ全部もらって食って人生最後の飯にしてぼくは死にます」

極端な船酔い体質の天野は、漁港の船だまりでゆったり揺れている漁船を見ているだけで吐いてしまうという奇病の持ち主だ。

あなどれない島

三十分なんてあっという間だ。同乗の釣り師たちは慣れているようで島に近づいてくるとデッキの出入口の近くに置いてある自分らの荷物を早くもかついだりぶら下げたりして、堤防の先端に一番近い出入口で待ちかまえている。波がないので接岸もたちまちで、すぐに釣り師たちはめあての場所に走る。おれたちのドレイは打ち合わせをしていなかったからだろう。互いに同じ荷物をひっぱりあったり誰かヨソの人のロッドを担ぎだそうとして怒られたりして完全に出遅れてしまった。ウーム。

でもまあとにかくまだ朝の時間だ。これから遅い午後までたっぷり時間がある。

堤防は二段になっていて上の堤防は外海に向いているのでそこに海仁や西澤、岡本など釣果をあげそうな精鋭部隊の釣り座を確保し、ほかのものは一段下の比較的広い堤防に散開した。

船で三十分といえどもここまでくると海水はきれいで小さな魚がたくさん集まっているのがよく見える。どうやら雑魚中の雑魚スズメダイらしい。みんなが一斉にサビキ仕掛けで竿を出すとスズメダイは大変だ大変だ、というようにさらに集まってくる。

「えっと、スズメダイは釣れてもリリースしてください」

ケンタロウの業務命令。と言われてもそのスズメダイがあまりハリにかからない。

「ハリにかからないのは捨てようもないと言いたいですな」

ドウムが小さい声で言う。

奇病連盟

「おう。狙うのはタカべやメジナだぞ」

西澤が高いところからまたゲキを飛ばす。

それにこたえるように「おっ、タカべがいるぞ！　狙えるぞ」海仁の声。

最近やっとわかってきたのだが、海仁は雑魚釣り隊一番の秀才にして物知り、釣りの技も知識もこのチームのなかではエースだ。が、しかし、この人はなにか素晴らしいものを釣りあげると興奮して周囲が見えなくなってしまう。でもって釣り船のどこかに足を突っ込んで骨折する、冬の凍った船の甲板に焦って飛び降り顔から激突して唇を五針縫う、などという資質とは真逆のドジを踏む。まあこれも奇病に近い性癖の持ち主だ。だから海仁が大きな獲物をあげるとケンタロウがいつも心配する。

「タカべだ。スズメダイの群れの近くにいる背中が青く光っているのがタカべです」

そのケンタロウの声も少しうわずっている。この人もなにかとんでもない大物を見たり釣ったりしようものなら逆上していまにも何処かへ走っていってしまいそうだ。

そういえば今回は雑魚釣り隊の初期からのメンバーで出席率も非常に高かったヒロシが、結婚、イクメン的育児、祖父、祖母の介護という人生の波のなかにまきこまれ長い間欠場していたのだが、それらが落ちついてきてひさしぶりに参加した。かれは静岡の海べりで育ったので海に出るとそれだけで逆上して走り回っていたのだが、人間、一児の親となるとヒロシでさえそこそこ落ちついてくるもので、気持ちが悪いくらい静かだ。

気持ちが悪いというので思いだしたが、天野は船からちゃんと堤防に降りたのだろうか。心配になってそこらを歩いてみると堤防の日陰のところで呆然と海を見ていた。

「もういいの？　吐き気はなくなった？」

いた「ええ。大地はいいです。動かないですから。ぼくはもうここにずっとこうしていたいです」

気持ちはわかるが、では何をしにこの島にきたのだろうか。次のフェリーで似田貝がやってきた。優しいケンタロウは彼のためにおにぎり十二個ほど用意していた。

ヒロシ復活

釣りは全員が不調だった。ときどきゴミか木の葉かと思える小さなものを釣り上げるのがいる。空中でブルブル動いているので生き物とわかる、という程度のものだ。

「おーい！　全然、まったく、釣れねえじゃねえかよう！　なんなんだよ、この初島ってとこはよう！　島の観光担当の役人を呼んでこい。村長を出せ！」

しばらく静かだった西澤がいきなり怒りだした。ケンタロウの取材メモには「そのとき決してメジナがいなかったわけではなかったのです。実際、西澤のまわりの釣り人たちはいいカタのメジナをポンポンあげていました。どう考えても観光担当役人や村長の問題ではなくて、西澤さん自身が……」というようなことが書いてあった。

いつのまにか西澤の隣にきて竿を出していたヒロシが「西澤さん。久しぶりですがやっぱりいまだに全然釣れないんですねえ」と、火にアブラをそそいでいる。

「うるせい、あっちいけ」

堤防の下のドレイたちは「西澤さんに何も言っちゃだめだよ」とヒソヒソ話している。

と、そのときおれの竿にはじめて存在感のあるヒキがぐいときた。やった。これは西澤にまたアブラを注いでしまったな。そう心配しながらあげたのはそこそこ大きなアイゴだった。無欲の勝利というか。これは背びれにけっこうヤバイ棘《とげ》があって、うっかりさわるとそうとうに痛いらしい。

「西澤さん、隊長が釣りましたよ」

ヒロシがさらに火を大きくする。

「これマース煮（海水煮）にするとうまいですよ」ザコが言う。

「けっ、アイゴごときで騒いでるんじゃねえよ。雑魚のでかいのじゃねーか」西澤が空と海にむかって言っているのが聞こえる。

そのあとドウムがカタは小さいもののついに本命のタカベを釣り、デンがカワハギを釣った。そのあたりで今日は時間切れ。道具をしまうことになった。

西澤も下の堤防に降りてきて「もうこんな島、二度とくるもんか」とわかりやすすぎるくらいの仏頂面で吐き捨てるように言う。そうして竿先についた海草の切れっ端を洗うつもりか、海に竿をつけていると、いきなりグイ！　という大きなヒキがきた。

「わあ」とまわりが騒ぐ。

「なんだなんだ？」

しなった竿はあきらかに重そうだ。あがってきたのはアイゴだった。さっきより大きいサイズだ。西澤はもう一度海に竿を出した。十秒もしないうちにまた同じくらいのアイゴがあがってきた。

西澤の口許に隠しきれない何ともいえない笑みが浮かんでいる。あのまま西澤に何も釣れなかったらどうなっていたやら、とあきらかに怯えながら雑魚のようにひとかたまりになっていたドレイたちに安堵のため息があがっている。

「よかった、よかった」「これで助かった」数人の最下層ドレイが手に手をとりあって喜んでいる。

「韓国では哀号って悲しいときの泣き方なんだよね」

雑魚釣り隊のありふれたドラマが終わった。

暖かい春になり、雑魚釣り隊が本気を出せる季節が到来！　島にきたから釣れるはず

熱海港から初島へはフェリーに乗ればあっという間だ

着いたらすぐに釣り開始。堤防には釣り人がずらり

「西澤怒るなよ」隊長は
無欲でアイゴを釣った

「アイゴってメジナより引くじゃねえか！」怒りまくっていた西澤の笑顔にドレイたちは心底ホッとした

船釣り対陸っぱり　南九州のたたかい（前編）

大バカとイヤンバカンの研究

我々は関東地方ではたいてい二十人以上のオヤジ集団となり、でかいの小さいの、太ったの痩《や》せたの、頭がよさそうに見える奴、そうじゃない奴などが、大荷物担いだり引きずったりしてゾロゾロ海のそばを歩いているんだから、「ありゃいったいなんだ?」と人目をひくのはしょうがない。

九州の宮崎にきても「あんたがたどこさ?」「関東のザコ釣り隊でしょ」などと見破られたりする。かしこい母さんは連れている子供に「あっち見ちゃいけませんよ。うつります!」などと言って、海とは反対側の用のない路地に入っていってしまう。

おれたちはみんなそれぞれ近くの奴を指さして「お前が市民に顔を見せてしまったからだ」「いや、さっきお前が名物のさつまあげを死ぬほど食いてえ食いてえ、などと大声で叫んでいたからだ」などとそれぞれ醜く罪をなすりつけあう。

「ケンタロウがさつまあげは鹿児島です。でもここは宮崎県です。さつまあげの薩摩という文字でフツーの人はわかる筈です。などとエラそうに言うからだ」

「じゃあ宮崎だと何があるんだコノヤロウ」

誰かが無意味に怒って言う。

「えと、トンコツラーメンに黒豚定食、カレーライスとかですね。あと福神漬け」

おれは時々思うんだけれど、バカにもいろいろあり、ざっとあげても「大バカ、小バカ、部分バカ、バカタレ、オバカサン、イヤンバカン、ウッフンバカン」など種類とその等級は様々だ。

我々のなかで一番賢いと言われていた海仁が最近の行動で本当はバカだった、ということがバレてしまい、おれたちのバカの基準とそのヒエラルキーが乱れてしまったのだ。あっヒエラルキーなんて書いても隊員は誰も意味わかんないよな。おれも最近意味を知ってこうして使用しているのだ。

隊長のおれが賢いのかというとそんなわけはなく、若い頃に暴力でのしあがったバカの元締めぐらいに思われているようだ。

おれから言わせれば本人は(おれのことね)冷静怜悧《れいり》かつ状況判断的確の大人のインテリげんちゃんである筈だ。

例をあげると、今のメンバーとは目的は違うがおれはむかしからやはりこのくらいの人数の遠征隊をひきいていろんなところに行っていた。で、時間になると昼飯を食うために店に入る。こんなにいっぱい人々(我々のコト)が入ると田舎の小さな店など調理場はせまいし、作っているヒトが店主一人なんてことがよくある。

でもって「エート。おれはチキン南蛮大盛りにそれとは別にギョーザランチのごはん大盛り、中華スープつけてね。そんでネギたくさん」とか「親子ドンブリに野菜いため。それにザーサイにハンペン揚げに生タマゴのせ」とか「大盛り長崎チャンポンに皿うどん。どっちもニンニクマシマシね。それとアブラ味噌あるかなあ」などとみんな喋る豚みたいになっていろんなものを注文する。

そんなふうにみんなバラバラのものを頼んでしまうと店主は注文を覚えてられなくなるのは当然で、絶対おれたちが注文したのを作るときはまたいちいち確かめているからいつもものすごく時間がかかる。

カツドン大盛り二十個

それでおれはあるときからこういう店に入ると「カツドン大盛り二十個。以上おわり！」と独断で決めてしまうことにした。一種類の品物を注文したほうが作り方が同じだから出来上がりも早い、というのがおれの科学的理論の根拠だ。

でもこれは五〜六人のメンバーのときに通用するだけで、いかに一種類といえども二十人前となると地方の流行らない店ではその日使うのに用意したブタ肉が足りないなんてことがおきる。雇っている使用人なんかがいればそいつにスーパーなどにひとっ走りさせればなんとかなるだろうが、小さな店に雇い人がいたら人件費でたぶん翌月潰れる。

冷蔵庫の奥のほうにある何時そこにいれたかわからない霜だらけの豚肉のカタマリをとりあえずひっぱりだしてくる。でもタマゴが足りない。そこで十二個ぐらいで二十人前に水増しする。あっ、パン粉も足りない。さっききた店主の孫らしいのがこれまずいとか言って放り投げていった食パンを拾ってほぐしてまぜる。そのあいだにも地元の客が入ってくる。そっちはノーマルにラーメンとかチャーハンなのでそっちが優先になる。そのあたらしい客の注文を聞いておれらのバカAが「そうだおれに半カレー追加」などと言うとバカBが「おれはワンタンつけて」などと言う。するとバカCが「おれのには半チャーハンつけて」などとどんどん事態を複雑にする。面倒だから店主はまるで聞いていない。その結果、みんなが食い終わるのに一時間半もかかったりしてかえって遅くなることがしばしばだったので、その「全員同じ作戦」はやめることにした。

いけねえ。こんなことを書いていると、おれたちが九州宮崎まで何しにきたのかわからなくなってしまったではないか。

体積の八倍理論

おれたちの九州（本島）攻略は平戸、長崎に次いで三度目である。前回は惨敗したからこんどこそ！の意気ごみだ。だって宮崎県のほうが長崎より南だよな。とみんなで指さし確認したところだ。えーとどこにむかって指さしたんだっけ。

今回我々が狙うのはタイラバ（ルアーの一種）によるタイである。釣りに出る前の晩に「大漁祈願」の宴会があった。その席でコンちゃんと太陽が熱気を持ってしかし長いこと話をしていた。二人はいかにしてほかの奴よりもでかいのを釣るか、という話をヒソヒソやっていたから作戦会議というよりも密談といったほうが近い。

太陽の証言によるとにかくコンちゃんの意気ごみはものすごかったらしく、「あのよ。おれがまず潮を見て一番良さそうな釣り座をおさえるからな。でもって電動リールを使って最初にデカいのをあげちまう」。

コンは海釣り専門誌で長いこと仕事しているからどの魚釣りでも確実に何か凄いのを釣る。そういう偉業とは裏腹にコンちゃんは長いことワルコンと呼ばれていた。ゼネコンの次に悪いのだ。理由はこれからも時々露呈されるだろう。

「でかいって宮崎のタイはどのくらいですか」と太陽。

「ま、十キロというところかね」

「え?　すげえ。十キロのタイですか?」

「お前にも釣れるよ。おれが目標にしている数を釣ったらすぐ電動リール貸してやるからそれでばんばん釣れ!」

二人はどんどん盛り上がり、宮崎焼酎をがんがん飲んでいったらしい。

本当はここに天野がいる筈だったが、彼は昨夜急に両足のカカトが痛くなり、満足に歩けなくなったらしい。

ケンタロウからその連絡が入り、おれはよく相撲取りなどがかかる蜂窩織炎《ほうかしきえん》ではないかと思い、天野に電話した。以前、加計呂間《かけろま》島遠征のときに、天野はフェリー乗り場までたどりついたときにそれを発症し、そのまま目的の島が見える病院に入院したことがあったからだ。

「いえ、あのときは足全体、とくにふくらはぎから膝が腫れたんですが今度は両足のカカトにきているんです。痛くて歩けないんです。検査したら残念ながら痛風ではないというし」

体重百三十キロの天野は象と同じように体重に合わせて四本じゃなかった、二本の足をもっと太くすべきじゃないのか。動物行動学の本をよく読むおれは天野にそうアドバイスした。

「太くってどのくらいですか？」

「まあ最初は今の二倍だな。太股もふくらはぎも足首も大きくする。むかしの尺度でいうと靴は三十二文ぐらいは必要になる。そうしてとにかく沢山歩くことだよ」

「そんな凄い拡大、どうやったらできるんですか」

「やっぱり今言った象さんなんかの飼育係に聞いてみるのがいいんじゃないかなあ。コマギレ肉四十キロに粉砕屑ほうれん草二十束、仕上げに屑チャーシュウバケツいっぱいふりかけてよくゆするの。えーとバカじゃなかったカバだ。あれも同じらしいね。そうやって足全体を太くするからあんなに大きいのにばたばた明るく走れるんだ。お前は今年になって明るく走ったことあるか？」

「えと、いや、まだ……別に明るく……とは」と天野。

「しかし体が倍になると足は四倍大きくならないと歩けない。それは四足動物の例だ。キミは二足動物だから八倍必要だな」

「そんな大きなズボン売ってないですよ」

「ズボンを買うかどうかの問題じゃないんだよ。そのままカカトを労って自宅のソファに一生座っているかどうするか、の問題なんだぞ。アメリカにそうやっていたら体重五百キロになってしまった男がいた。〇・五トンの男だ。医師に入院を指示されて行こうとしたら半年前になんとか入った自宅のドアから出られなくなっていた。レスキュー隊がやってきてドアのまわりをぶっ壊し、フォークリフトで病院にはこばれたんだ」

陸と船の対立がはじまった

釣りに出る前日に十五人が集結した。陸《おか》っぱり隊と船釣り隊にわかれるが、その夜の宴会は圧倒的に陸っぱり勢が威勢よかった。というのも仕事の都合で二日前に到着していた西澤が前日に漁港に様子を見に行くと、堤防にズラリと地元の人らしき釣り人が並んでいてみんな十センチ前後の小アジを三十匹から多い人は百匹ぐらいじゃんじゃんあげているのを目撃していたのだ。なかには就学前の小さな子どももいて、それが十五センチぐらいの銀色にヒラヒラ光る小アジを釣ってしまい「きゃあああ」などと言っていたらしい。

驚嘆した西澤は自分でも釣ってみたかったが、何しろ肝心の釣り道具は全部東京からやってくるクルマの中だ。

釣り人に「毎日こんなに釣れているんですか？」と聞くと「そうだなあ。今日は釣り人が多いけんど明日は一人最低百匹はかかるけん」と言う。西澤のココロは躍り、身は弾む。戦う前から勝利感ではち切れそうになっていたのだ。

喜びにかられた彼は一人めしのその夜、酔街に出てカラオケのできるスナックを探した。初めて行く宮崎の夜の繁華街。適当に入った店にまだ客はおらず女の子は三人いて暇だからモテルモテル。

もともと西澤はなかなか渋いイイ男だし長身。しかも身についたべらんめえ口調は江戸言葉だからモテルモテル。これ、テレビのどっきり番組ではないかという不安もチラチラするほどだったという。カラオケをやれば他に客はいないからオハコの「天城越え」の熱唱に素朴美人の宮崎娘からますますモテル。いつのまにか演歌そのもので彼は娘らにすっかりマドロスさんと呼ばれていたのだった。

「おれの人生けっこうよくなっているみたいだなあ！　アジの大漁も約束されているし」

三人娘にしがみつかれながらタクシー乗り場まで送られた西澤は、演歌的に三人娘につい港の船に帰ると言ってしまったらしい。「まあ生きてまた南九州にきたらお前らに逢いにくるぜ」などと言うと「来週はどのへんにいるの？」「まあ、シリアの沖あたりだろうかなあ」「半年後に待ってるわよお」と黄色い声に送られて宿（壊れそうな民宿）に帰ったのだった。

カラオケで渋く歌い上げてモテルモテル
（写真は後日、店の女性提供）

波低く、意気高し

一夜あけていまや遅し、と雑魚釣り本隊の到着を待つ。そうして午後にはあらかた顔ぶれはそろった。夕刻になると恒例の「大漁祈願」の大宴会になったのだった。最初のうちメンバーは混合していたが、やがて船釣り隊と陸っぱり隊の群れにわかれていき、双方絶対勝利の雄叫びをあげる。コンちゃんと太陽が密談していたのはこのときのことだったのだ。

西澤のまわりには関西三人男であるヤブちゃん、さんぼんがわ、ショカツ。ひさびさ参加した香山イテコマシタロカ君。さらに三嶋、京セラらだ。みんな先乗りしていた西澤に釣り状況を聞きたがる。江戸時代の悪徳商人ぐらいに声をひそめて「まあ待てや」と西澤。

「おれらのテキ、船釣り隊はいつもカッコばかしつけやがって結局どうせコッパ魚しか釣れないだろ。今回おれはおれたちの釣りの現場を見てきたんだ。大漁間違いなしの盛況だった。明日の夕食のおかずは大勝ちも同然だぞい。食い頃の小アジちゃんを目標一人五十匹以上だ！　だからまあ軽く見て全員で四百匹だな」

西澤はさらに声をひそめる。

「大漁作戦がばれないうちに今夜は船釣り隊のやつらも一緒に街に出てドオーンと前景気をつけよう。コーク三嶋、おまえは酒飲まないで運転するのが好きな変人じゃなかった、すばらしいオトコだから二次会におれたちを送り迎えしなさい」

コーク三嶋は雑魚釣り隊のなかで海仁とともに酒をいっさい飲まない(飲めない)体質なので、こういうときのスペシャリストだ。

いつもコカ・コーラをエネルギーにしているのでコーク三嶋と呼ばれている。なかなかイイ男で長身。仕事は外資産業の理系で、もしかすると今は海仁を抜いて雑魚釣り隊一番のインテリかもしれない。

そしてなんと彼は新宿三丁目のおれたちのアジトからキャンプ用具や釣り用具その他をたっぷり積んで大きな日産キャラバンを一人で運転し、三日がかりでこの宮崎までやってきたのだった。

旅の多い竹田が共感を得たのかそのルートをくわしく聞いていた。

初日は東名―新東名―伊勢湾岸道―新名神―阪神高速ときて、日づけのかわるころに明石海峡大橋を渡って淡路島に入った。

二十五時三十分に神戸淡路鳴門自動車道の室津PAに入ったときにはさすがに疲れ

たのでコーラを飲んですぐ眠る。彼のクルマにはかなり広いフラットになる寝台がついていて体を十分休ませることができる。

翌日は徳島から四国に入り香川県を横断、愛媛をとおって四国最西端の三崎港から国道九四フェリーにゆられて、やっと九州は大分県の佐賀関に進入。この日は延岡まで行ってコーラを飲んで就寝。翌日百キロ南下し、やっと宮崎市内に入ったときはこのレポートを書いているおれもかなりくたびれた。

西澤のめちゃくちゃ論法のまま彼らは夜の街に繰り出したのだが、陸釣りのメンバーには数日前までノルウェーでカーリングの取材をしていた竹田（彼はいまカーリングで一番の売れっ子ライターになっており世界を股にかけて活躍している）がいる。ノルウェーサーモンの手摑みを体験したばかりの竹田は陸っぱりの赤ちゃんアジ四匹よりも、手摑みザケの十分間三本勝負の幻影にまとわりつかれたのか、めずらしく無口になっていた。

問題の多い船出

翌日早朝四時。船釣り隊のなかで一番張り切っていたコンちゃんがムシの息でイソメのように全身をぐにゃぐにゃさせていた。

前日の「大漁祈願」の大宴会でつぎつぎに宮崎焼酎を飲み干し「百センチ。すなわち一メートルのタイはぜーんぶおれのものなのらあ」などと張り切りすぎて重度の二日酔いになっていたのだ。漁港につくとフナムシのように堤防にはりつきウゲー！などと大量のゲロをはいている。

「ああ苦しい。昨日のスナックのあとのチキン南蛮定食がいけなかったんだ。釣り場に着くまでオレ、船の床で寝ている。誰か船が出る前に冷たい水と飲むヨーグルト買ってきてくださいませんか」

コンはフナムシ声になって哀願している。太陽が近くのコンビニに走った。そうこうしているうちにチャーターの「誠裕丸」は海に出ていく。

船釣りメンバーは海仁、コン、ザコ、太陽、ケンタロウで、かれらはこの集団のなかではそこそこ期待できる「雑魚釣り隊釣り部」だ。しかもその日はびっくりするくらいの快晴。絶好の釣り日和だった。

宮崎に突入した雑魚釣り隊は
隊長が来る前から「打ち合わ
せ」と称して飲みまくる！

三嶋はなんと車で宮崎まで
やってきた！

前日の下見で「爆釣」を確信した時の
西澤（本人による再現写真）

快晴の空の下、いざ出船！　果たして
タイは釣れるのか!?

船釣り対陸っぱり　南九州のたたかい（後編）

バラシのザコ

さて、前回の続きである。いい釣り日和のわりには船上ではしばらくたいしたものはかからず、飲むヨーグルト五百ミリリットルを飲んだコンがその半分ぐらいをたちまち海に吐いた。陸にコーク三嶋がいるなら海にはヨーグル・コンがいる。十分後にコンはようやく自分を取り戻し、釣り竿を出した。

長いじれったい時間がすぎ、ようやく水深百メートルのところからケンタロウが一・三キロ、四十七センチのマダイを釣りあげた。

しかし、この一匹のままでは帰港してからどんな仕打ちを受けるかわからないとおびえたコンが、二・八キロ、六十二センチのマダイをあげ、あとに続けと焦ったザコの竿にもの凄いヒキの大物がかかった。船長がきっと記録的な大きさですよ、と希望的観測を言う。

ザコは料理させたらなんでもできる最高の男だが「バラシのザコ」とも呼ばれている。ヤクザの世界ではそこそこ睨みのきく語感だが、魚釣りのバラシはいただけない。やつはこれまでにもけっこうな獲物を船端までもってきてあと少しでタモが届くというところで、獲物が「バーカ」と言って海に帰っていってしまうことが多々あったのだ。

そういう現場を何度も見ている海仁が「ザコ、焦るな！　慎重にいけ！」と声をかける。ザコの竿は先端が海にもぐりそうなくらいのイキオイのいいヒキがあり、ザコはそれと必死にタタカウ。

しかしザコはアイデンティティに忠実だった。船長がこれは十キロはあるぞ、と言ってから少しして、ザコの竿はとつぜん緊張感を失った。そして記録的な大物は「バーカ」と言いつつ海に帰っていった。

そのあと海仁がハガツオを釣った。ややこぶりながらこれはおれが一番好きな魚だ。別名「キツネ」。カツオのような姿でマグロの味がする。釣り人をバカすというのでキツネと呼ばれるようになったらしい。

スリスリツネツネ攻撃

時間はちょっと前後するが、その前日の夜更け、陸《おか》っぱり隊は、小アジ大漁を祝って（まだ一匹も釣れてないが）西澤隊長のもと二次会の居酒屋宴会でバクハツしていた。

「今度こそ船釣りのバカどもを驚かせてやるんだ。明日の宴会は死ぬほどのアジづくしじゃけんのう」

集団バカたちのイキオイというのは恐ろしいもので、午前零時をすぎたころ、西澤は昨夜モテまくった最後のスナックまでみんなを連れていって、

「おう。今夜シリアの沖あたりを目指す予定だったが、船長のバカが象足病の疑いが出て船出は一日延びた。そこでしばらく日本の土を踏めない部下の小マドロスを連れてきたぞ！　おれは今日はいいから好きなように遊んでもらいな」

などと言うつもりだったが、なにしろ昨夜は灯ともし頃でその時間はネオンが一番眩しいときだったから、どこからどう行ったかさっぱりわからない。店の名前もまるで思いだせなかった。

そこで仕方なく見るからにだらしなさそうなスナックに突入した。店の名が「ロマンス」というのだからもうどうにかしてもらいたい。

西澤は「おれのなじみの店がここらにあるんだけど、まあめったにこないところだからなかなか見つからねえなあ。しょうがないからここにしよう」と言って入っていったらしい。

しかし昨日と時間帯が違うからすでに客が何組かいて店の女はみんなそっちについている。一人だけ着流し姿の角刈りのおっさんが泳ぐようにしてやってきて、お姉言葉で「まあみなさん若い人ばっかりなのねえ。どうぞどうぞ」と素早くカウンター前のボックス席に招き入れ「みなさん水割りでいいかしら」などと言いつつすでにどんどんそういうものを作っている。やがて西澤の隣に座って「じゃあ乾杯ね。みなさん見たところ建築関係のお仕事かしら」。

西澤が「いや魚関係で」と言うと「あらあ、漁師さんなのね」「いや、その」などと西澤が言っているうちに西澤の隣に座り「さすが漁師さんねえ。太腿なんかピチピチじゃないの」などと言ってさすったりツネツネしたりするので西澤はたまりかね、「おれはカラオケやるぞう」などと言って角刈りから逃亡し、夕べ十五回は歌った「天城越え」をがなりだした。残された陸っぱり隊は角刈りの太腿さすり攻撃にあっている。

そのあと西澤は「やっぱりおとっつあんじゃないところへ行こう」と言ってあてずっぽうに次の店に。陸っぱり隊も雑魚のようにザコザコ続いていく。

そこでひと暴れしてなんとか宿に帰ると、西澤は角刈りオカマの太腿スリスリツネツネの記憶がよほど嫌だったらしく風呂に入り「おーしみんな、今日のことはみんな忘れて明日はもう大漁間違いなしなんだから口なおしにもう一杯いこう！」と言い出した。

次の店も地元のおとっつぁんがいろいろいてカラオケも占領されていたので、西澤は「おう。別の店に行こう」とビールだけ飲んで次の店にどんどんすすむ。

もうじき午前三時になるというのに「明日に備えてそろそろ」とか「みんな疲れているから」などといさめるマトモな奴は雑魚釣り隊にかぎって誰もいない。

でもって再度帰った宿で誰かがいつのまにか手にしていた薩摩焼酎を茶碗で飲んでまたひと騒ぎして、やがて一人二人と横になりはじめたのは午前四時をとっくにすぎた頃らしい。

酔っ払って眠ると水が飲みたくなったり小便をしたかったりで朝になるとあちこちでモソモソ起きだす奴がいるが、部屋に戻るとみんなまだクーカークーカー寝ているので自分もまた寝てしまう、ということをみんなでかわりばんこにやっていたら、なんとか全員が起きだしたのは八時半をまわっていた。

さすがに堤防釣りは昼になると食いが悪い、ということは知っているから西澤がみんなを起こす。みんなのそのそ支度をしているがところどころでウゲーなどという不吉なゲロ予告音など出して口を押さえて便所に走る奴がいる。あちこちで「アタマ痛え」などとニワトリ声で言う奴もいる。

それでもなんとか全員身支度して外に出ると太陽はすでにかなり上にあがっていて、もう「朝」というには無理がある光景なのだった。でもとにかく釣り具屋に行ってエサを買わなければならない。

船釣り隊の詮索

そういうところにケンタロウから西澤に電話が入った。船釣りのやつらは暗いうちから船に乗って沖に出ているからすでになにか釣れているのだろう、西澤はうざい顔になる。

「もしもし、そっちの状況はどうですかあ」

二チームにわかれた場合、最初の電話は必ず釣果のさぐりあい、ということになる。

「うるせいな。そっちの具合ってこっちの具合か。ああ、ちくしょう。アタマ痛え。おれらはいまみんなで釣り具屋にむかっているところだよ」

「もう九時すぎてますよ。これから釣り具屋に行くって、そんなんで大丈夫ですか」

「うるせえな。ああ、アタマ痛え。こっちにはよう、こっちのやり方があんだよ。うるせい。二度とかけてくんな」

そう言って西澤のほうから電話を切った。

「今のはやっぱりケンタロウからこっちの様子をさぐる電話だったよ。あいつらいつものように道具ばっかりたくさん揃えて結局いまだに何も釣れてねえんだよ」

釣り具屋に行くと、西澤の顔を覚えていた店主が「あれ？　あんたらまだいたの？　えっ？　これから釣りに行くの？」とびっくりした顔をしている。

「えっ？　もう遅いんですか？」

「地元の人は五時には竿出してますよ」

釣り具屋の前にいた最下位ドレイの京セラの前を地元の人らしい釣り人が帰ってくるので「今日は釣れないんですか」と聞くと、「この時間になるともうすっかり釣れなくなるんですよ」という返事だった。「クーラーボックスの中を見せてもらうと小アジが百匹ぐらいは入っていたのでフクザツな気持ちになりました」とその後、京セラは証言している。

堤防に行くと「ありゃあ！」と西澤がヘンテコな声を出した。

「あぎゃあ！　釣り人がまるでいねーじゃねえか。どこへ行ったんだ。一昨日ここら一帯ぎっしり並んでいたのによお」

「やっぱり時間が遅かったんじゃないんですか。もうじき十時ですからねえ」

堤防釣りをよくやる三嶋が言う。

「小アジは回遊しているから待っていればまた回ってくるんだよ」

西澤はゆるがない。

「ゆうべ西澤さんは『明日は俺たちが主役だけど、今晩もおれが主役だ』とか言って、スナック何軒もハシゴしたやんか。最後まで『明日は釣れる！』って言ってたから、じゃあほんまに釣れるんやろなと思って竿出してますけど、三十分たっても何も釣れまへん。あんまりにも釣れへんからびっくりしてますわ。西澤さんのあの自信はいったいどっからきてたんやろって」

さんぼんがわが言っている。

それでもみんな竿を出し、ちゃんとした仕掛けをつけてコマセもまいて、さあどこからでも食いついてこい、という態勢を続けたが、地元の人の言うとおり誰の竿もピクリともしない。あきらかにスタートが遅れたのだ。それも大幅に。そのうちどんどん陽があがってきてモーレツに暑くなりだした。

やっぱり九州なのだ。あちい。

などとみんなアホのように感心していると「タープ（日除け、雨除けの天蓋だけの大テント)だ。タープを出せ。それと冷たい水だ」と西澤が騒ぎ出した。タープはすでにそれを運んできた三嶋がクルマの脇にいつでも張れるようにしてあった。こういうしっかりした三嶋の下支えでこのアホバカ群団はなんとかなっている。

「おお。お前は本当によくできる子じゃ」

などと言って西澤はその下にもぐりこんでクーラーの冷たい水を半リットルぐらいいっき飲みして素早く寝る態勢になっている。

ラスト三十分の攻防

その頃、ウッチーは困っていた。ウッチーはプロカメラマンで雑魚釣り隊の何が起きるかわからないような行状記をずっと撮影している。

ここに着いたとき西澤に言われたそうだ。

「おい、ウッチー。船釣りのやつらはたいした魚は釣っていない筈だから、おれたちの写真をたくさん撮っておけよ。四百匹だからなあ」

「ハイ」と返事をして、ここにきてからみんなが竿を出したりするのをいろいろ撮っていたが、いつまでたっても誰にも何も釣れないから何を撮っていいんだかわからない。

「西澤さんに聞きに行くといつのまにか気持ちよさそうに寝てしまっていて、そのうちにそれを見て安心したのかどんどん他のみんなもヒルネしにタープの下にくるんで、こんな写真撮って使えるのかなあ、と困ってしまいました」

真面目なウッチーだから困るわけで、まあこのありさまを写真に撮っておけばそれが雑魚釣り隊のあるときの真実、といっていいのであったのだけれど。

みんなタープの下で寝てしまったのでウッチーも本当にやることがなくなり、自分もゴロリと横たわる。タープの大きな日陰の下に風がさわさわ。釣り人がまったくいないからヒトの声というものがなく、こういうところにつきもののウミネコやトンビの鳴く声も聞こえない。

しかしウッチーは運が悪かった。

トロトロしたところでケンタロウから携帯に電話がかかってきて起こされてしまった。きっと西澤のところにかけたのだろうが彼は寝入っていて気がつかなかったのだろう。

「どう、そっちは？　おれらは十二時にきりあげて目下帰港中。港に着いたらクルマですぐに合流するから」

それを聞いてウッチー焦る。

「西澤さん。寝ている場合じゃないですよ。船釣りの連中がまもなくやってきます」

西澤、パチリと目をあけ、瞬間的にいろいろ判断したらしい。

「そりゃまずい。おいみんななんで寝てるんだ。起きろ起きろ。そろそろもう小アジの群れが回遊してきているかもしれないから竿を出せ、みんな竿を出すんだ」

モサモサみんな起きだしてくる。それからノソノソと竿を出すが、さっきと変わりない。誰の竿も動きがない。

「やつら三十分でここにくるな。小アジ四百匹はもう無理だからその十パーセントは釣ろう」

心地のいいヒルネからまだすっかり目をさましていない連中だから誰も本気で聞いていない。

「ボウズ(何も釣れない)だけはまずいな。ようしここはおれがなんとかしないと」

陸っぱり隊の隊長としては頑張るしかない。ようやく西澤の竿になにかぶつかったようだ。あげてみると黒いおたまじゃくしみたいなのがぶらさがっている。

「それは生物なんかな?」

西澤はあくまでも強気で「うおっし! これでも一匹だ。みんな釣れだしたぞ」。

西澤、見苦しく騒ぐ。西澤の釣ったのは三センチぐらいの生き物でようくみるとボラの幼魚のようだった。辛うじて魚の形をしていて、ときどきクネクネ動く、というシロモノでゴミよりも少し上というレベルだ。

船釣り隊のドヤ顔

船釣り隊が帰ってきた。コンちゃんやザコらがクーラーを誇らしげに開ける。なかには六十センチから八十センチぐらいの本当のタイがどさっと入っている。

「コレ本当にお前たちが釣ったの？　そこらの市場で買ったんじゃなくて……」と陸っぱり隊のめんめんが何度も聞いたくらいに大きくてリッパなタイが二匹と、おれが思わず「ウーン」とのけぞったキツネ（ハガツオ）とカサゴが数匹、という大漁なのであった。

これだけの獲物があればもうあとは何もいらない。愛もカネも何もいらない、そういう気分になった。雑魚釣り隊の成長を語るには、最近かなりの連中がどんな魚でも包丁一本握らせるとどんどん捌いて刺し身なりなんなりにしてしまえることだろうか。

その日もケンタロウと太陽が大きなタイをテキパキ捌いて大皿いっぱいの刺し身に

してくれた。量が多いので半分は湯引きである。

タイにはキツネの刺し身が寄り添っていて赤身と白身の夫婦刺し身みたいになっている。

その日の料理長は万能のザコであるから、その他の人間は黙って飲んでいれば「へいおまちー」という声とともにいろんな料理が出てくるしくみになっているのだ。

ザコはカサゴのアクアパッツァというものを作ってくれた。続いて宮崎名物地鶏の炭火焼き。さらに地鶏で作ったカオマンガイ（鶏を茹でた汁でご飯を炊き、そのご飯の上に茹でた鶏をのせたタイ料理）というものを作ってくれた。これがまあなんというかメチャクチャうまい。

タイもうまいが鶏もよかよか、というわけで最終的には陸っぱり隊は船釣り隊に手ひどく惨敗したものの、みんなおいしいからまあよかよか、ということになっていったのである。

陸っぱり隊と、船釣り隊。勝負の行方はいかに!?

ヨーグル・コンがでっかいタイを釣った。酔っていなければこれくらいはできる男だ

痛恨の連続写真。すごいヒキに笑みが溢れるザコだったが、当然のようにバラして天を仰ぐ

西澤の言葉を信じてせっせと釣りに励む陸っぱり隊。この光景も最初の30分だけだった

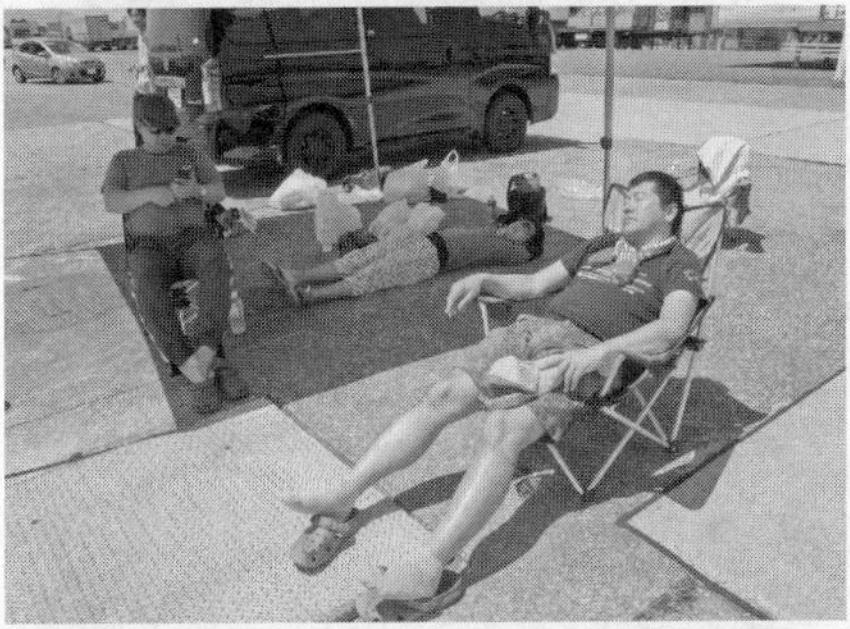

南国の地で惰眠を貪る陸っぱり隊

見えますか？　見えませんね。西澤が釣ったボラの幼魚（推定3センチ弱）にみんなが狂喜乱舞

うまければどうでもよかよか。かんぱ〜い!!

宮崎名物の地鶏で作ったザコ特製カオマンガイ。
タイは刺し身、カサゴはアクアパッツァになった

真夏のある偽の夜の出来事

大島メメズ浜の怪

雑魚釣り隊は二〇〇五年九月に伊豆大島のメメズ浜に行った第一回の釣魚キャンプ旅からはじまった。

キャンプ地近くの釣り場（と思えばだが）、単なる小さな入り江の崖の上から竿を出しただけである。今思えばそんなところで情報も何もなしに竿を出して何か釣れるわけはない。六時間全員同じ姿勢で竿を出していたのでみんな疲れて怒り、そこらにあったそこそこ大きな石など海に投げ込み「バカヤロウ！　何か出てこい」などと叫んでいたら、やがて左手に金の石、右手におれたちが投げたただの石を持ったメメズ大王がその小さな入り江の海面から現れて「どっちが好きやねん？」などと柄の悪い声で言うのでみんな声をあわせ「左です。左です」と叫んだ、ということになっている（古今漢序白髪的翁雑魚釣噺）。

むかしのことだからおれも殆ど詳しいディテールっちゅうものを忘れてしまったが、『わしらは怪しい雑魚釣り隊』（新潮文庫）にその時の忌まわしくも恥ずかしい釣り顚末記の詳しい話が出ている。

と、思って探したがおれは出しすぎた自分の本をすぐ人にあげたり捨ててしまったりするので、この原稿、明日締め切りの今としては当時の詳しい出来事は書けなくなってしまった。

唯一記憶にあるのはそのメメズ大王が関西弁で笑いながらまた沈んでいったのと入れ替わるように、つぶらな瞳をした可愛らしい石垣フグ（沖縄弁ではアバサー）がひらひらドレスで寄ってきたので、十人の雑魚釣り隊は十本の釣り針にからめて生け捕り「フグ鍋」にしちゃったコトだが、それがうまかったのだ。雑魚釣り隊の最初の犯罪的獲物はこの石垣フグだったのである。

ジェームズ・キャメロンはその『怪しい雑魚釣り隊』を読んで映画「アバター」を作ったのではないか、とおれは思っている。

しかし脈絡もなく話はさらにそれよりも前の時空間に飛び、ここにいきなり「帝国ホテル」というものが出てくる。今回はいろんなものがいきなり出てくることになりそうなので注意していただきたい。

そんな「いんたあなしょなる」な「はいそさえてぃ」の「らうんじ」の「そふぁ」にタコとイカがいたのである。読者は「ふざけんな！　この熱中症め」などと言って本誌のこのページをトバし、素早く本命であるカラーのハダカのおねーちゃんのページにワープなどしてはいけない。

そこにいたタコはその後「タコの介」と呼ばれるようになる「樋口正博」であり、イカはその後「イカ太郎」と呼ばれるようになる「近藤加津哉」であった。

タコの介は当時、沖釣り専門誌『つり丸』の編集をやっており（やがて編集長になる）、イカ太郎は酔うと「おれイカが好きでイカが好きでおれがいつかイカになっちゃうの！」などと叫びまわりイカ釣り命の人となった。彼もまた『つり丸』の編集部員であった。

その二人に呼ばれて行ったのがおれと海仁（齋藤海仁）であった。でもってタコとイカは、毎月一回あんたがたの釣り旅話を連載しようじゃねーの、と言ってきたのである。

で、話はすぐに十三年ワープして二〇一八年の八月になってしまうのであった。

「しまうのであった」って、あんたプロの書き手としてはあまりにも無責任なんじゃねーの。などと言ってすぐにカラーのハダカのおねーちゃんの……。

ま、いいわい。そんなの見たってハダカ女はあんたのコトを見ているわけじゃないんだからね。

大変です、大変です

「あのさ。あんたさ。さっきから何をブツブツ言ってるの」

べらんめえ口調の喧嘩っぱやい西澤がそういうコトを懐かしく思いだしているおれの隣で言っている。

「おうハイサイ。バラシのザコがタイみたいな魚もらったっていうんでさっきこれを送ってきたのさ」

そこへ店主の名嘉元が丸桶を持ってやってきた。バラシのザコとはおだやかじゃないが、本名は小迫剛。沖釣りに行くとけっこう大きな魚をハリにひっかけて船端まで持ってくるが、肝心の船の上に取り込むときにバラして（逃がす）しまうのでそう呼ばれている。

名嘉元の持ってきた丸桶を覗きこんだ西澤は「あのよ。タイみてえって、こりゃあ立派なタイじゃねーの。おめーだってタイぐれえ食ったことあんだろーがよう。やっぱりおめー馬鹿じゃねーのか。すぐ刺し身にしろよ、それしかねーだろうこのやろう」。

「なんだ、このやろう、おれとバラシのザコがせっかくおめーらに持ってきたのに馬

になる。

名嘉元がいきなり剣呑になる。名嘉元は琉球空手の使い手でよく西澤と喧嘩状態に

鹿野郎とはなんだ！」

「これこれ、ニシとナカ、何を騒いでおる」

最近はすっかりじいさんになって漸《ようや》く荒っぽいことはやめるようになったおれにとって二人は助さん格さんみたいなものだ。だけどこういう意味のないぶつかりかたは大好きでそれが隠せない。「だけど聞いてりゃ、おめーらは二人とも大バカだ」つい口に出てしまう。

「なんだと……」

さあ、これからいい方向に行きそうだ、と思ったところでいいんだか悪いんだかケンタロウが店に走りこんできた。ケンタロウの本名は今頃になって初めて書くような気がするが、新里健太郎。関西出身。こいつもなにかコトがあると暴れまわるくちだが、今の立場はこの雑魚釣り隊の連載担当だから、ハメははずせない（つもりらしい）。四十歳で我々ポンコツ集団のなかではまだまだ馬力があり、連載がはじまってすぐに今までやったことのない海釣りの実践と訓練に没頭し、さらに釣った魚のサバキもすっかりモノにしているので最近おれは驚いている。

「大変です、大変です。今週の土曜日、次の取材日程ギリギリですが、確たる天気予報ではその日は大雨だそうです。タコの介さんが久しぶりにその日参加することになっているのでなんとかしないと」

タコの介はしばらく体調が悪く、職もやめ、信州の山奥の自分の里に引っ込んでいたが、信州には山しかないのでそろそろ海風に吹かれたい、と言っているので、その週末、我々の秘密本拠地「タクワン浜」で久しぶりに焚き火キャンプをしようということになり参加者は二十四人にもなっているという。明後日のことだ。

「雨だからなんだっていうんだ」西澤が言った。

「晴れじゃないってことさあ」と名嘉元。

「なんだこのやろう。雨模様の曇りってこともあるだろうが」

また二人がつかみ合いそうになり、わけがわからずケンタロウが「二十四人の予定を今から変えるのは難しいです。とくにゲスト待遇になるタコの介さんは明後日しかこられないそうです」と、慌てて口を出した。

単純な二人はそのひとことでまたつかみ合いになりそうな手をひっこめた。

鎮静効果を察知したケンタロウは勢いづいて意外な名案を出した。

「なんか小さい東京ドームみたいな場所はないですかねえ」

「そうか。この近くにあるおれたちのナワバリのひとつの地下芝居小屋が今あいてるな。あそこなら百人は入れる」と、西澤。百人というのは椅子に座った観客のキャパシティだからちょっと計算が難しい。

「そうだ。それがいいな。あそこにテント張って、最初から〝夜がきました〟なんていうことにして……」

「新宿地下キャンプだ」

「なんかちょっと間違えるとガード下ホームレスの気配もすんな」

おれたち全員なんらかのバカだが方針が決まると動きが早い。すぐにケンタロウが座長のトクヤに連絡し、了承を得た。

「いかった、いかった（よかった、よかった）」

西澤と名嘉元が手に手をとりあって喜んでいる。

続々登場

予定どおり雨でもキャンプは実行する。おれたちを止めることはできないのだ。

西澤のＳＮＳが全隊員に発信された。指定された場所がいつもクルマでキャンプ旅に行く新宿三丁目の芝居小屋が入っているビルなので、雨中キャンプを決行するのか、と思って雨具万全でやってきた者もいたが、ビルの前の案内人ドレイの京セラは、バカ丁寧に「いらっしゃいませ」などと言って地下へ行く階段に案内する。

京セラは入隊順にいうと十数人いるドレイ部隊の下から三番目ぐらいだが、まじめで線が細いのでどうしてもそういう役まわりになる。

ドレイ待遇の十数人のなかではこの京セラとドレイ隊長の竹田（総一郎）は歳は七つぐらいしか違わないのだが、体の大きさと声のでかさ、態度のでかさ、飲酒量の多さ、行動のダイナミックさで京セラより二十歳ぐらい上に見える。今一番忙しい男で、今日は中国、明日はロシア、いきなり鹿児島に行ってその次はカナダ、なんていう取材行動をしている。おれはこいつを見ると自分の若い頃をよく思いだす。二日間の移動も苦ではなかった頃だが、いまや新宿から渋谷まで移動するのも暑くていやだ。

早めに着いたおれがビールを飲んで待っていると次々と隊員が相模湾に潜るような恰好をしてやってきた。本来芝居小屋である劇場は西澤ディレクターによってなんとも摩訶不思議な地下秘密キャンプ場というかたちになっている。途上国などで見る監獄の大部屋に雰囲気が似ていなくもない。

体が大きく相撲取りみたいな天野が、タープを張ってすぐにランタンをいくつも点《つ》ける仕事に忙しい。ホワイトガソリンを使ったこのランタンはシロウトがいじると危ないので、今のところ全部天野の担当になっている。

大きな声で階段を下りてきたのはヤブちゃん（薮内辰哉）だ。八尾の出身で、おれはこいつの鉄砲光三郎、八尾のやぶれかぶれ弁みたいな口調が好きだ。顔を見るとどう見ても若い頃にそうとう暴れていたとわかる。いまは中小企業の社長で、いつもハブラシを百本ぐらい持ってきてみんなに配るので「ヤブラシ」とも呼ばれている。だから彼がくるたびに全員新しい歯ブラシをもらえるが、こんなに沢山もらっても歯が足りん。と文句を言っている奴もいる。

同じ関西チームの川野充信は、初対面の相手に自分の名を伝えるときに「三ぼんがわの川に野原の野と書きますねん」と言うので、「さんぼんがわ」のほうの印象が強く、今はみんなに「三本川」と呼ばれている。

仙人とあだ名をつけられた博識家の土屋（和夫）さんが三本川のことを指して「あまり丁寧に自分の名を伝えるのもどうか、ということですね」と言っている。

ヤブちゃんと同級生で我々のなかではめずらしく堅い公務員の仕事をしているが、三本川を断然強烈に印象づけているのは、その見かけだ。キャンプ地などで会うといつもどこかかしいでいてフランケンシュタイン風に歩いてくる。足の踵、膝、手首、

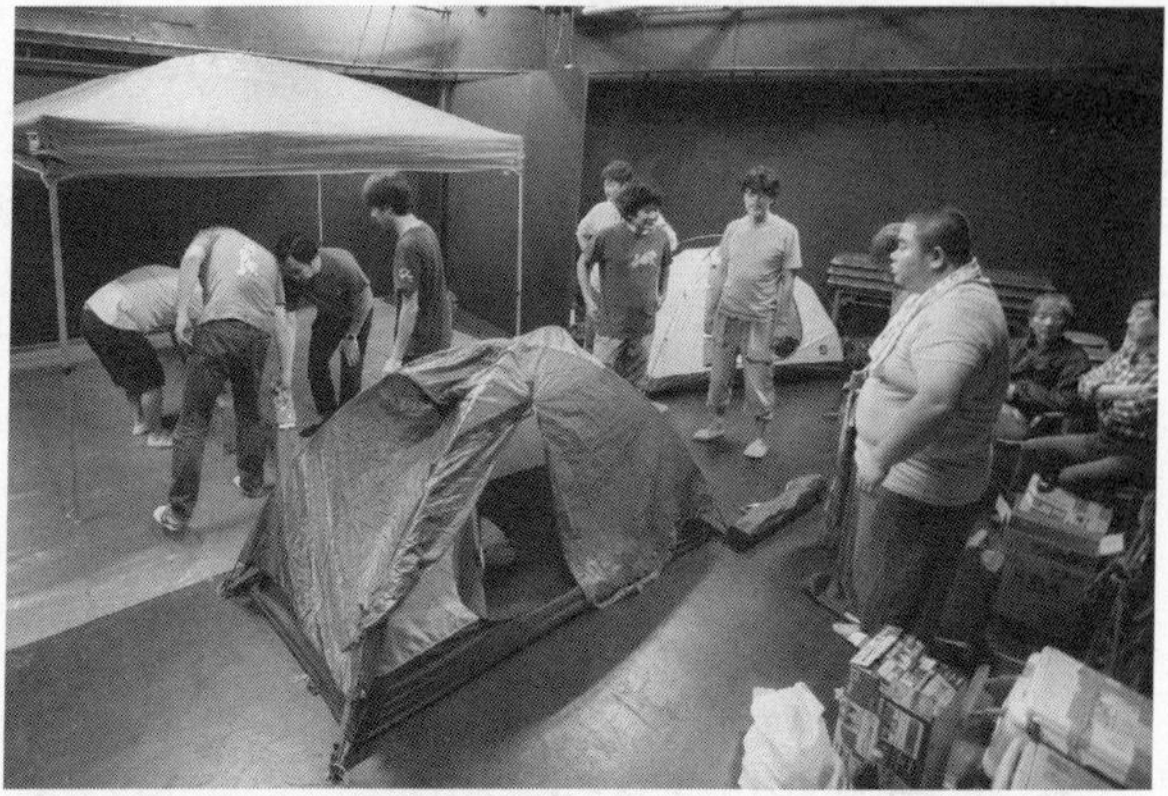

どんどんとキャンプの準備を進める隊員たち。ここは大都会新宿の地下だ

肘、肩とほぼ全身痛風男と化しており、アメリカのゾンビ男に負けないだろうとおれは見ている。でも気立てのいいやつで、こいつがくると、同じ痛風発症組の一人として非常に好感をいだけるのだ。

　関西組のもう一人は東京から関西に越したショカツで、もとをたどれば徳島出身。だからいつも一人で阿波踊りをしながらやってくる。これは本当の話で、前にタコ釣りをしたとき「おいショカツ、タコを頭に乗せてタコアワ踊りをやりなさい」とおれが優しく言ったらそのとおりやってくれたのが嬉しかった。

　下駄好きでそれはおれも同じなので結婚式には金色夜叉のお宮、貫一下駄を贈ろうと思ったが、それじゃあやがて女房をケトバすことになるので考え直そうかと思っていた。そうしたら、ついこのあいだ甲子園の高校野球を西澤と一緒に見に行き、帰りにこの関西三人組と鶏の水炊き屋で一杯やったときショカツが婚約者を同伴してきた。この人がしっかりしたなかなかいい女房になりそうなので、下駄のプレゼントはやめることにしたのだった。

イカが大漁

あれっ、いけねえ。こんなふうに地下の秘密キャンプ場にいて次々に階段をおりてくる仲間のことを書いていたら、おれたちはここで何をするんだっけ? ということに触れるスペースが殆どなくなりつつある。でもいいのだ。焚き火はできないし、外は激しい雨が降っているから星も月も出てないし、風もない。やることといったら飲むことと食うことと話をすることぐらいしかないのだ。

やがてタコの介がやってきた。本当にひさしぶりだった。今は信州のふるさとでいろんなバラを育てているという。思えば海仁と一緒に帝国ホテルでタコの介とコンちゃんと会ってから、ずいぶん長い歳月が流れている。

さっきから写真を撮っているのはウッチー(内海裕之)。おれがアイスランドの夕ンケンに行ったとき、厳しい道の自動車運転がうまいので雑魚釣り隊に連れてきたプロのカメラマンだ。どんな情景も一発しかシャッターを押さず、それがいつもきちんとモノになっているので驚いた逸材である。下手で自信のないカメラマンほど沢山撮るものだ。

加藤寛康もアイスランドで拾ってきた。そのときは電通にいたのでデンと呼ばれたが、今は独立してやっている。面倒くさいから電通をやめてもみんなデンと呼んでいる。

そう言えば京セラもおれが諏訪湖で拾ってきたんだった。彼もすでに京セラをやめてソニーにいるが、これも面倒なので呼び名は京セラのままだ。みんなあまり頻繁に会社を変えるな。

單さんは台湾の人だ。おれたちが台湾の南の田舎で二十人、半月間合宿していたときの通訳をしてくれた。おれたちが毎日もの凄いイキオイでビールやその他の酒を飲むのでびっくりして日本にきてしまい入隊した。

アメリカのワシントンにいるタカやアラスカのマキエイも関西三人組みたいによく遠方からやってくる。

いちばんあたらしいドレイはあつを。キャンプ地でいつも凄くパワフルに下働きをしているのを見て感心している。今回は、これまでの連載であまり触れてこなかったり、紹介できなかった顔ぶれをズラっとならべてみたが、まだ全部書ききれてないみたいだなあ。

雑魚釣り隊には釣り部という親亀の上に子亀を乗せて的釣りのエキスパート部隊（本人たち談）があり、その部長、岡本宏之、海仁、コンちゃん、ザコ、太陽はタコの介に食ってもらうためにその日早朝から船で雨の海に出てタコを釣りに行ったが、間違えてイカをいっぱい釣って帰ってきた。

トオルはビストロのオーナー。ザコは元料理人。この二人がその日のゴーカ料理を作ってくれた。

タコの介は地下室の疑似夜から小雨の夕刻に楽しそうに笑い顔で帰っていった。彼はちょっと簡単には治癒しないだろう病気になってしまったから、釣り場ではなかなか会えないかもしれない。「さようなら」「じゃあな」「またな」地下牢のようなところから去っていくタコの介を、みんなで手をふって見送った。

大雨でもキャンプ決行！　ビルの地下にキャンプ地設営完了!!

雨も降らなければ風もないが、單さんは黙々とテントを組み立てる

ひさしぶりにキャンプ
にやってきたタコの介。
彼がいたからこそ雑魚
釣り隊がある

タコではなくイカ
を釣ってきた太陽

深夜は死屍累々の
雑魚寝となった

能登半島イヤサカサッサイ大馬鹿旅（上）

東京湾はだいたいわかった

雑魚釣り隊も十年以上やっていると関東地方の主だった釣り場にはだいたい竿をぶち込んできた。釣れたか釣れないかは別問題だ。生息しているオサカナもだいたいわかってきた。東京湾、相模湾あたりの沖あいは何度も船で攻め込み、釣れるものは釣る。釣れないものは「そうだろうよ」と言って竿を放り投げ、あとはおれたちを笑いものにしている晴れあがった空を見ながら「海のバーカ」「空もバーカ」と言ってビールゴクリ。そのあとプハーッだ。

銚子沖を出たところに寒ダラの群れがいることはまあないし、鹿島灘の遠い沖に潮吹く魚が泳ぎよるのを見たことはない。だから関東地方はだいたいわかった。そろそろアフリカ象牙海岸あたりやシリアの沖あたりに行く頃ではないか。

などと、おれたちが力強くわめいていると、「だんなさん能登半島の先端あたりにいい娘（魚）がいますよ」と言いつつ擦りよってくる者がいた。

「能登かあ。まだ行ってなかったなあ。シリアの沖に行くまえにちょっと行ってみっか」

という単純な理由でおれたち二十人の真夏の日本海行きが決まったのだった。

先発組の狂乱

能登にこないか、と熱心に呼んでいるのは「北陸放送」のテレビだった。この局内におれたちの行状記をよく知っている若者がいて、そのようなコトを言ってきたらしいのだ。「夏休み能登半島ぐるり旅」なんて絵日記に書きやすそうだ。

話はたちまち全員に連絡され、八月二日、いつものように新宿三丁目から四台のクルマに釣り用具、キャンプ用具一式を積み込んで本隊の十一人が早朝の四時過ぎ、能登半島にむけて出発した。

少し遅れて関西チーム三人が道頓堀のグリコバンザイの前から出発した。だいぶ遅れておれとトクヤ、名嘉元、アテンダーの西澤にザコ、リョースケがヒコーキで羽田を出た。

新宿部隊は七時間後には富山県の氷見《ひみ》に着いたらしい。

「はらへったあ」

「はらへったあ」

と各車のバカたちからトキの声のように同じ叫び声があがる。すぐ近くに「きときと寿し本店」（店名意味不明だったが、後で調べると「きときと」は富山弁で「新鮮」という意味）という回転寿司屋があった。何もためらうコトなくそのままどどっと十一人はなだれこむ。午前中でまだすいていたから逆上した十一人は手あたり次第にターゲット（高そうなもの）をしぼり、ばしばし食いまくっていった。

コンによると、この時の状況は次のようなものだった。

「おいケンタロウ。見ていると天野が高いやつばっかり頼んでるぞ。あっ、またノドグロだ。さっき頼んだばかりなのによ。えっ、次は和牛の握り？」

告げ口コンとノドグロ天野は大学の同級生だ。いつもこんなことばっかり言い合っている。

しかし他の観察者によると大トロなど高いやつばっかり頼んでいたのは天野よりもコンらしかった。

「このハチメっていうのはオキメバルで多分明日おれたちにも釣れるよ」

雑魚釣り隊釣り部の部長で、これまでキチンと実績をあげているから若いもんにも信頼されている岡本が言った。

「ウスメバルですね。あれ高級魚ですよ。あ、天野が次にそれを狙ってやがるぞ！」

とコン。

「でも本命はでっかいアラってやつですよね」

最近いろんなことでメキメキ腕をあげている太陽がそう言いつつマグロ中トロを三皿奪いとっている。

一時間後、計七万円以上の勘定書きを持って会計元の編集者ケンタロウのやや呆然とする姿があった。

羽田ではその話をメールで読みながら名嘉元がスーパー沖縄語で「アギジャビヨウ。あいつらもうはじまってんのさあ」と呟いていた。

おれたち爺様の乗ったヒコーキは四時に能登空港に着陸。寿司を食いすぎた本隊はみんな上をむいて苦しそうにその空港で待っていた。

今回は北陸放送でおれたちの恥ずかしい行状記を追って一時間の番組にするらしいから、その今回の撮影スタッフも待っていて全員の挨拶があり「まっ、元気に仲良くやりましょう」と握手する。長老二人(俺とトクヤ)とカメラマンのヒロシ、我々側のディレクター役をする西澤は市内の民宿にむかい、その他の本隊はキャンプ場にむかった。

関西勢や遅れて合流したトオルも加わってクルマは六台になっている。そのクルマ隊列をテレビが追っていく。そのあたりのシーンがオープニングになるのかな、などと民宿に行く我々は見送る。

「みんな行っちゃった。なんだか寂しいね」

トクヤが言う。この人は新宿三丁目に居酒屋や小劇場をいくつも持つネオン街の怪しい帝王なのでネオンのない町並みは寂しいのだ。

思い出のカナカ騒動

今回キャンプ場の設営地は「九十九湾園地野営場」というところだった。九十九と書いて「つくも」と読むのは知っていた。それには恥ずかしい思い出がある。

わしは若い頃、いろんなところをよく一人で旅していた。九州にも九十九島というのがあり、キャンプをするためにそこへむかっていた。行き先をメモに書いてある。船で行くのだが、わしはものすごくせっかちでときどき自分で書いた文字など自分で判読できなくなる。目的地「九十九島」と書いてあるのをカタカナの「カナカ島」というふうに判読した。自分で書いたメモなのにだ。バカでしょう。

タクシーの運転者に「カナカ島に行く船の桟橋にたのみます」と言った。

「カナカ島？　そんなのなかばってん」などと運転手はにべもない。

「ないわけないでしょ。あんたよその土地からきたのかあ」

わしは早くも喧嘩腰である。

「もういっぺん教えてくれんか」

「カナカ島だよ。有名だろうが。オメーはモグリの運転者か」

わしはさらに文句を言った。

「しらんなあ」

「ここらでタクシー走らせているんならカナカ島を知らないわけないだろう。表に出ろ！」

若い頃のわしはいつもどこでもこんなふうだった。そういう苦い思い出がいきなり脳裏を走る。

次の日の朝、そんなことは同乗の者には話さず九十九湾キャンプ場にタクシーでむかった。

昨日のうちにキャンプ場に到着していた隊員はすでに巨大なタープをいくつも張り、炊事場や食堂を作っている筈だ。

今回は人数が多いのでわしは建設部長の天野にゲル式、もしくはＴＰ式大型即席テントの制作を命じていた。このシリーズでも何度か作っているからずっと以前から読んでいる方はおわかりと思うが、それらはモンゴルとカナダ奥地から習ってきたものだ。

日本では竹のような素材を使って直径八メートルはある巨大なカゴをサカサにしたようなのを作り、その上にブルーシートをかけるのがゲル。TPは長い竹を十本ぐらい立てて先端を縛り、まわりをブルーシートで囲む。どちらも十人ぐらい寝られるからわざわざかさばる個人用テントを持ってくる必要はなく、雨が降ってもその中で焚き火ができる。

費用は全部コミで一万円てとこだ。でも世の中の金持ちキャンパーはたった二泊三日ぐらいなのに外国製の一カ月ぐらいは住める大きくて複雑で高く（二十万はする）、制作するのに半日ぐらい時間がかかる豪華テントを買わされている。ヒトゴトながらそれがむなしくてしょうがない。

さて天野は建設部長としてどんなのを作っているのか楽しみだった。

できあがったTPテントの前でガッツポーズ。
まさかこの後、あんなことになるなんて……

太陽に光るカナカテント

そこはひとめ見ていいキャンプ場だとわかる光景だった。道路が高台に走っており、キャンプ場までクルマをつけられるから荷物の上げ下ろしが楽だ。白いきれいな砂が海にむかって傾斜のある広がりを見せている。遠くの海が天空からまっすぐ落ちてくる太陽にギラギラ光っている。我々のタープが水場に近い木の下にすえられ、各自の一人用テントがちらばっている。その真ん中へんになにかの物置きみたいなのがみすぼらしく海風にフラフラ揺れている。

(ん？　もしかすっとこれがＴＰテントのつもりなのだろうか？)

一瞬いやな予感がわしの全身にひろがる。その前にこっちを向いた天野が体を硬直させ、汗だらけでダラダラ揺れている。

「おい！　コラア！　これが……」

「はい、すいません。ここらにはほどよい竹林がなく、しょうがないのでホームセンターで洗濯物干し用の竹を買ってきて……」

「バカやろう！　皆まで言うな。これじゃ犬小屋のほうがましだあ」

わしは怒鳴った。

今にも倒れそうになって天野はさらにボタボタ汗を流し続ける。

まっしかし、しょうがない。奴も必死になって作ったのだろうしな。もう爺様の歳になっているわしはむかしの百分の一ぐらい優しいヒトになっている。これを「カナカテント」と呼ぶことにした。

まあ、ちょっとだけ意思の疎通に難があったが、天野はゾウさんのようにこころ優しき男だ。まわりでは、もう真夏の動物園みたいにみんなパンツひとつになって自分のテント作りにはげんでいる。

タープの下では、ビストロ経営者兼コックをやっているトオルがいるし、新島キャンプから参戦した「流しの寿司職人」リョースケもいる。炎天下にゴミやいらないものや燃えるものなどを片づけているドレイたち。大きなクーラーボックスに氷と塩水を入れ、膨大なビールや缶チューハイを冷やしているのは、関西チームのリーダー・ヤブちゃんだ。

聞けばその日の早朝、岡本部長をチーフにコン、ザコ、太陽、ケンタロウの「雑魚釣り隊釣り部」は沖釣り船に乗って大物を狙いに出ていったという。

朝市計略遠征隊

それでは、というわけでもないがトオルと桁はずれの食いしん坊であるヒロシがコンビになって、八時からはじまる「輪島朝市」に行くという。テレビ撮影の都合だろう。わしとトクヤの爺様も同行することになった。やれやれ忙しい。

「朝市」というのはさして目的はなくても魅《ひ》かれるものがある。でもこのあいだ聞いたのだが、老舗の温泉宿の内部にも朝市というのがあり、こういうのが温泉街の衰退の一因となっているらしい。

各宿が自分のところに泊まった客にソトで金を使わせないために、宿の中にカラオケバーを作るわ、マッサージ屋を作るわ、ラーメン屋を作るわ、ダンスホールを作るわ、すごいところはキャバクラを作るなどして客がソトに出るのをひきとめてしまったがために、その温泉街ひとぐるみ夜の町が森閑として衰退してしまった、といういきさつがあるそうだ。さらにその宿だけの「朝市」というのがあって、なんと午後四時からはじまったりするらしいのだ。つまり夕方の朝市だ。宿の客もアホ化しているんだな、と思いましたね。

ひさしぶりに見る本物の朝市はいろんな品物を売っていて感心した。

トオルはさすが目ききで、都会ではなかなか手に入らないものを次々に買っていく。花つきキュウリ三本入り×三袋、四百五十円。とりたてトマト四袋、八百円。能登の珍味「唐千寿」(サメやタラの卵で作ったカラスミ風)三本、二千円。オニエビ袋詰め、三千円(味は最高、という)。

「オニエビはここらへんでしか見ないんだよ。北海道ではゴジラエビ、新潟ではシャコエビ、鳥取ではサツキエビと呼んでるね。築地にはほとんど入荷はなくて、殻が刺だらけで非常に固い。そしてどこで買っても高い」(トオル)

フグの子一袋、千円。岩海苔一袋、五百円。いしる一本、五百円。かぼちゃ三個、三百円。じゃがいも、にんにく、タマネギあわせて千円。

おれら五〜六人で買い物をしている後ろから北陸放送のテレビカメラがついてくるからだろう。

「誰? あの人?」朝市のおばちゃんらは興味津々だったらしい。「あの人」とはわしのことだ。それを少し遅れて歩いているトクヤが聞いている。

「五木寛之さんよね」

「関西の大物お笑い芸人じゃない」

「ちがうわよ。冒険ばっかしやってる人」
「動物沢山飼っているヒトよね」（ムツゴロウさんと間違えているんでしょうね）
トクヤが「違うんですよ。あのヒトはSM作家なんです」などと教えている。トクヤはSHIINA・MAKOTOのSとMをとって本気でそう言っているのだが、それじゃハダカのおねえちゃんをロープでぶらさげている作家になっちゃっている。
有名な朝市なので楽しみにしていたが、時期が遅かったのか魚介類は干物がほぼ八割をしめ、珍しいものはあまり見つからなかった。

海女《あま》さんのアワビを狙って

その足でおれたちが次に行ったのは海女の見物。テレビ局があらかじめ連絡しておいてくれたので、こういうときは見るからに怪しいおれたちが交渉して門前払いをうけるいつもとはだいぶ違う。

用意してあった漁船におれはトクヤと乗る（小さいフネなのでそれ以上は乗れない。悔しがる西澤）。エンジン快調でものの十分で海女さんの潜水現場に着いてしまった。

ちょうど海女さんが海底からふわりとあがってきたところだった。

能登の海女さんは「きれいだ」とよく言われる。とってきた獲物をいれる桶はいまはタイヤのチューブになっていた。そのすぐそばに潜っている人の旦那さんが舟に乗っていて、具体的に何をしてるのかよくわからないが、とにかくそこに「いる」。

むかしこれを清少納言が見て「海女が一所懸命に働いているのをその夫は舟の上で歌などうたってのうのうとしている。いみじきものなり」などと書いている。文章は正確には思いだせないが本当の話だからね。

我々もそれに輪をかけて図々しく、「朝市ではおめにかかれなかったアワビを何個か貰っちゃおう。五、六個ならくれるだろう」という作戦を立てていた。

トクヤは海女さんと聞くと全裸で泳いでいる、というふうに勝手に確信している。あがってきた海女さんは年配で全身ウェットスーツだ。

「わあ、大変な仕事ですねえ。今日は何個ぐらいとれたんですか?」

とわしはネコナデ声で聞いた。

海女さんは一息いれて「何個と言われてもねえ」などと言っている。そんなに数え切れないくらいの大漁なのか!

やがて舟に移すためにその獲物を見せてもらった。ところがその獲物にはアワビというものはまったくなく大量のモズクが積み重なっている。

おれたち無言。

「いまはアワビやサザエの季節じゃなくてもっぱらモズクなんですよ」

我々の落胆を見抜いたのか「いみじきものなり」の旦那さんが慰めるように説明し、かたわらからタライ一杯ぐらいのモズクを「これもっていきなさい」と言ってくれた。

やや呆然としたが、そこはおれたちも大人である。「ありがとうございます。おれたちモズク大好きなんですよ。わあ！　モズクだあ」とわざとらしくよろこんだ。

このイタダキモノを持って帰った我々に、「これだと、朝はモズク粥《がゆ》。昼はモズク混ぜご飯のおにぎりにモズク天。夜はモズク鍋なんだろうなあ」と言いつつ、西澤は遠い目をして沖を見ているのだった。

いま日本ではアワビの潜水漁は他に白浜など何カ所でしかやっていないという。海女さんはむかしから英才教育を受け、小さい頃から海に出ると大きな石を抱いて海底にどのくらいいられるか訓練していると聞いた。

ぼくたちがお世話になった海女さんには二十歳の娘さんがいてそこから五分と離れていないところでいまも潜っているという。

「そこに行こうよ、もう一回そこに行こうよ」というトクヤの哀願するような目は見ない、声は聞かないようにしていた。

ホームセンターで竹を購入する建設部長の天野

ドレイたちは炎天下、紐で連結して巨大ブルーシートを作る

テレビカメラの前で隊長から説教されうなだれる天野

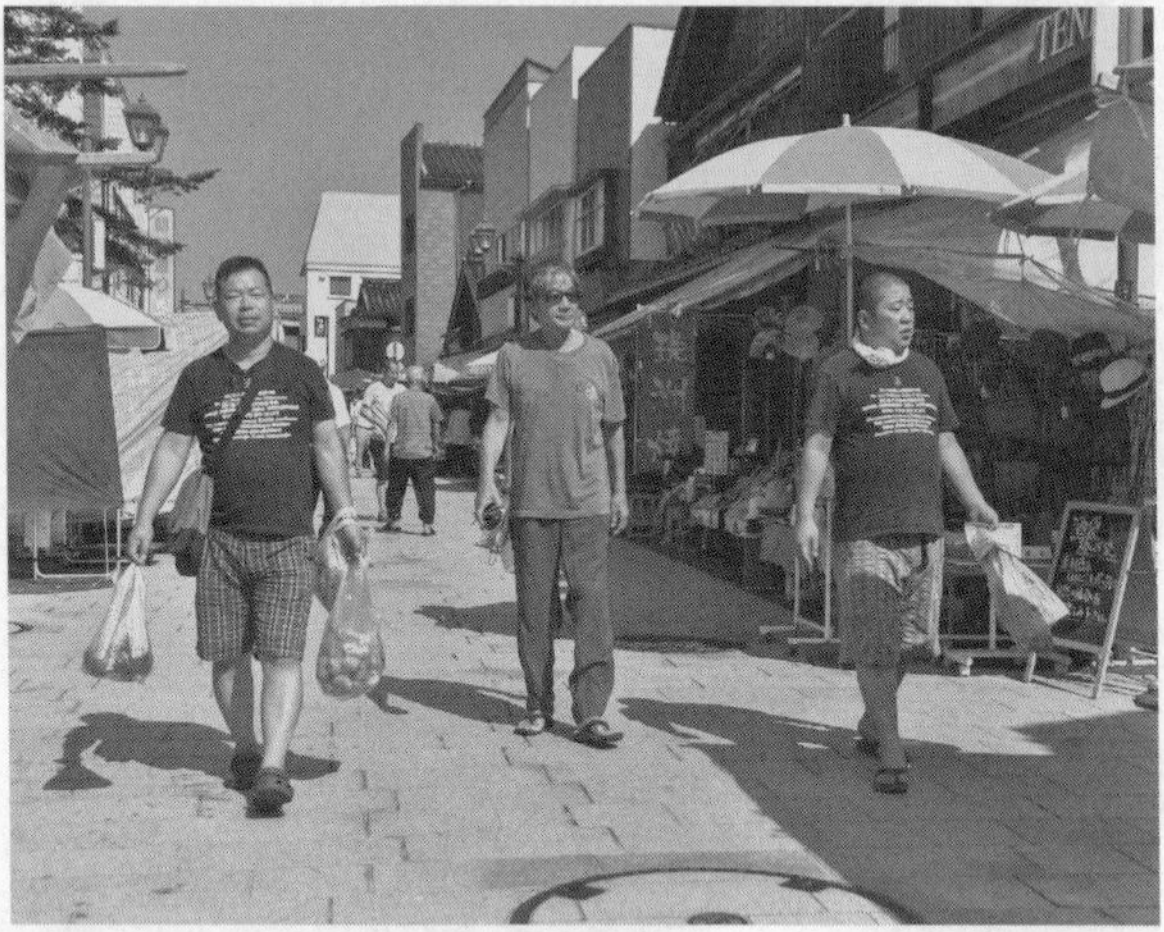

食材調達のために輪島の朝市を歩く

「検査受けてあります」と書かれた「ふぐの子」や「オニエビ」など能登ならではの食材を料理長のトオルが次々購入

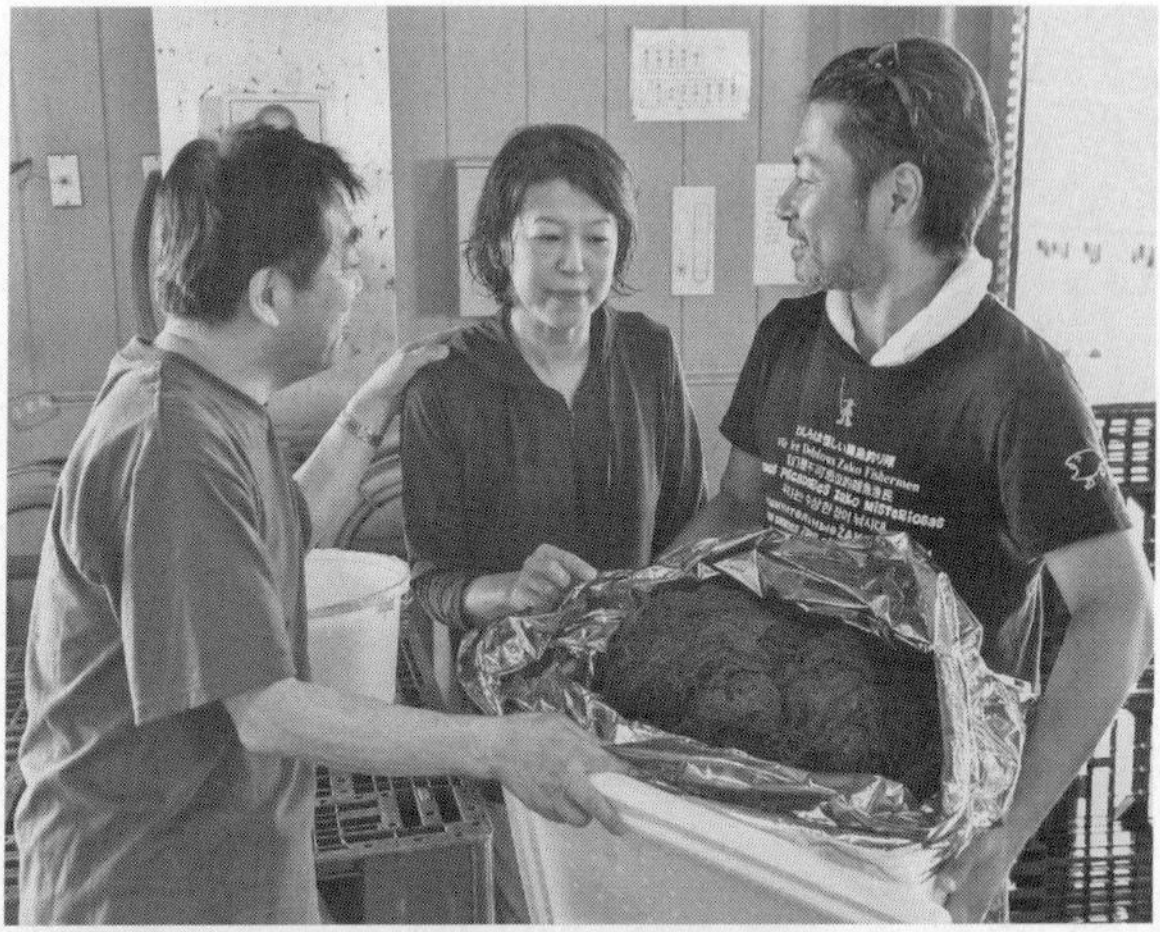

海女の女性から大量のとれたてモズクをいただき、肩を叩いてお礼を言うトクヤとドウム

快晴の空の下、能登に初めてやってきたむさ苦しい男たち。暑いから裸なのだが、読者には申し訳ない気持ちでいっぱいだ

能登半島イヤサカサッサイ大馬鹿旅（中）

観光旅行も忙しい

わしらはその日、先行キャンプ場設置班八人と、テレビ撮影のための能登観光名所を回る七人、それに沖釣りに出撃する釣り班の五人、三チームに分かれて行動していた。

観光地を回るチーム（わしはここに組み込まれている）が観光名所にやってくるたびに、みんなそれぞれ大袈裟に「うーむ、たしかになるほど」「これはまあ、なんと美しい」「とにかく空気が清浄だ」「飛んでいく海鳥が純情だ」などと大きな声で言っていた。

普段どの土地にいってもそんなこと（もしそう思ったとしても）全員で大きな声で言ったことなんかなかったけれど、今回は違う。ちゃんとテレビ局が困らないように全員でこころから感動しているようにした。でも見回すとそういうときにテレビクルーはまわりにいないのだ。

緩いカーブの先に真夏の日本海の濃紺の海が見えるとみんな口々に自発的に反応する。

「わあ！　また海だ。さっきは港で海女さんの潜る海を見たけど、今度は高いところからだ。おーい！　モズクの海女ちゃーん」

トクヤがわざとらしく叫ぶ。

間もなく珠洲《すず》市にむかう途中にある「白米千枚田」が見えてきた。

ちょうど「能登ひとめぐり」というパンフレットを見ていた大阪三バカトリオの親分ヤブちゃんが「間もなくハクマイセンマイダという神社があらわれるで。しかしなんやろな？　これはまずナンマイダと手を合わせたほうがよさそうやな。わし知らない土地にくると背中にヘンなものいっぱいくっつけるタイプらしいねん」

「それはお前が生まれたところと育ちそのまんま河内弁で解釈しているからだ。これはシロヨネセンマイダと読む、日本でも有数な棚畑、いや棚水田だ」

以前仕事でここらをひととおり回っている西澤が奴にしては親切に教えている。

「日本は土地が狭いからなあ。むかしの人は苦労してこんな山の上のほうまで田んぼを作ってたんやなあ」

そうだ。思いだした。

十年ぐらい前にその西澤とカメラマンの大声大食いヒロシらと日本中のまつりを取材していたことがあり、能登半島ではそこからそんなに遠くない場所で「あえのこと」という静かで悠遠な古典的神事を取材したことがある。

年に一度、自分のところの田を守る神様がやってくる。農家の人は家に御馳走を用意し風呂をわかして一晩、その神様を労う、という柳田国男の民俗学研究の本などにも詳細に書かれている静かなまつりごとであった。

我々はずっと取材していたのだが、時間がくると田んぼに行って神様をお迎えし、泥田を出るときや曲がり角などでは「どうぞそこは足もとがあぶのうなっております」などと丁寧に家まで案内し、まずはお風呂に入ってもらう。

もちろん神様は誰にもまったく見えない。しかし、ずっと取材しているその家のあるじが絶えず話しかける丁寧かつ静かな言葉によって、その透明な神様が本当にいるような気がしてきて罪多き我々はだんだん俯いていった。

能登はいいところだ。まず自然が素晴らしいが、そこに住む人々の心根が優しい。

痛風談義

一方、キャンプ地では、「腹へってきたなあ。おれ朝飯少ししか食べへんかったからなあ」と、大阪トリオの三本川（通称である）が言う。この名の由来はこれまで何度も説明したのではぶくが、このヒトの存在感はなんといっても世界でも珍しい「全身移動性激痛悶絶型痛風の持ち主」というところにある。

三本川はヤブちゃんと同じく、そうであっても性格きわめて明るく、どんな箇所の痛風に襲われたってあちこち傾きながらもぎくしゃくしつつ日本のどこへでも雑魚釣り隊のためならやってくるのである。

その日もキッパリ参加したわけだが包帯はしていないものの全身の動きはどこかぎくしゃくし、フランケンシュタインの歩行が頭にうかぶ。そのイメージをイタズラ書きにしておいた。

三本川はこんな人だ
(画／隊長)

実はわしも痛風を怖れている。彼と同じくまず足にきた。しかし世の中の人は痛風になると読んで字のごとく風が吹いても痛く、三〜四日は立ち上がれないほどだ、と言われているのに、わしはその日の朝痛くて多少は足をひきずりながらも靴を履いて外出できる程度なのだ。だからわしのは「三日痛風」もしくは「疑似痛風」だったというふうに勝手に解釈している。

でも気になるから三本川がくるとまっさきに互いに最近の発生状況について情報交換し喜んだりくやしがったりしている。

痛風は酒飲みがやられやすい。それから居酒屋系の食い物は殆ど痛風に悪い。アンキモなどは痛風原因の悪の権化、闇の大王かダースベイダーと思われている。この他にも青魚干乾し系、魚卵、干し椎茸、ビール酵母なんてのが確信犯となる。

普通の人より魚を食う率が俄然多く、ビールがぶ飲みでプリン体摂取量が断然多い雑魚釣り隊は、その習慣上、誰々が痛風発症まぢからしい、と聞くとたちまちそいつを任意尋問し、疑わしさがましていくとわしと三本川は手に手をとりあって「ようこそ痛風の世界に！」と嬉々としながら危険食物を奢ってやることにしている。そのため、痛風らしいと思っても我々に通報（つうほう、いやつうふう。ダジャレか）しない奴がこの頃増えてきているらしい。そこで我々はいろんな情報のもとにそいつを探し歩くのだ。

遅い午後におれたち能登半島取材班は海の見える高台の店に入った。「アナゴ丼」というメニューにそそられた。最近わしは「アナゴ」関係が一番好きになっているのだ。店の美人の女将《おかみ》さんがテキパキしていて心地いい。

「あんたの店にもこういう女将をおきなさいよ」今は坊主頭で髭面のごっついのばかりじゃないか。

新宿で居酒屋四店、九階建てのビルに小劇場を三つも経営しているトクヤに言った。トクヤの経営する店は実に沢山のメニューがあってみんなうまいのだが、開店以来三十年かよっているわしはもう飽きている。

「それからアナゴ料理をメニューに」

「はいはい」

「はいの返事は一回でいいの」

いつもやっている会話になった。

まもなく運ばれてきた「アナゴ丼」はアナゴの天ぷら丼であった。「うな丼」のアナゴ版を期待していたのですぐに「わしはこれじゃだめだ」と爺ちゃんはわがままを言い、近くにいる連中と三角トレードを成立させたのであった。

焼き肉屋に走って十一万円食う

先ほど語っていた痛風の話はおれたちの集団食生活におおいに関係している。

たとえば到着してすぐキャンプ地に入ってキャンプのためのいろんな整備、水まわりなどの設置をしていた奴ら（わしとトクヤ、西澤、ヒロシ以外全員）は、作業も終了近くなるとあちこちから「ハラへったあ」「助けてくれえ」「ここはブラックキャンプ隊か」などというめき声をあげはじめた。

ケンタロウはこれからのキャンプ四日間、毎日存分に食うだろう魚系は避けて、おもいっきりフトッパラに「えーっ、夜は肉にします！」と叫ぶようにして伝えた。

「えっ！　肉？　ニクですか。あの動物の牛とかブタの」

大の肉好きの天野がそれを聞くやいきなりドスコイドスコイをはじめた。天野の体重は実は不明である。本人がはぐらかしているのではなく、銭湯などに行っても体重計の針はいつもフッキレてしまう。一度、産業廃棄物のトラックなどを測る百トンハカリに乗ったら「１・３０」という数値が出たらしい。〇・一三トンの男ということで、百三十キロ超級などと言っているのである。

まるで火事場にむかう消防隊のようなすさまじさで三台のクルマに「焼き肉突進隊」は乗り込んだ。どどどどっと押し寄せてきていろんな肉の注文をするのだから、普通の店ならあまりの迫力にどこかに逃げ出しそうなタイドをとりそうだが、ここの店主はカンのいい人で、こんなふうに店に突進してくる親父集団は「雑魚釣り隊」しかいないだろう、と察したらしい。「ずっと『週刊ポスト』を愛読しているのでわかりました」と言って喜んでいる。

旅行けばこういうコトもあるのだ。

そのあとの阿鼻叫喚についてはもう書いてもしょうがない。普段この集団は本当に魚ばかり食っているからだろう。ケンタロウが手にした請求書は十一万円だった。

それを背後から覗き見していた三嶋が「小牛の一頭でも引きつれてきたほうが安かったかもしれないですね」と真顔で言っていた。

できたてのうまい塩を貰った

話を戻そう。アナゴ丼の店を出た能登半島取材班は、このあたりの名産であり、ちょっとした観光スポットにもなっている能登半島伝来の「揚げ浜式塩田」にいきあたった。

ここでは海水から天日に干して精製する純粋な塩を生産している。

といってもその規模はよくある田んぼひとつ分ぐらいのもので、表面は土だがよく均《なら》してあり、ここに海水をまんべんなく撒いて蒸発させ、塩の結晶がついた砂にまた海水をかけ、塩分濃度の高い海水を抽出し、それを大釜で煮て精製する。これがくりかえされるのだからとんでもない力仕事のうえに繊細さが要求される。

おれたちの中から沖縄育ちの名嘉元と長崎育ちのドウムが挑戦した。てんびんの左右の樽には合計して七十キロぐらいの海水が入っている。その海水をできるだけまんべんなく撒くのだ。挑戦者はどちらもはじめての体験だが沖縄育ちに分があったようだった。その塩田の塩は少し甘くてしっかりしょっぱくてうまい！　キャンプ料理用にだいぶ貰ってしまった。料理長のトオルが喜んでいる。

遅い午後に、我々観光撮影隊がやっとキャンプ地に戻ってきた。野球場をひとまわり大きくしたような扇型の砂浜でまわりは灌木。正面にでっかい海だ。申し訳ないくらいの素晴らしさだ。個人用テントを持ってきた先発隊連中のテントが色とりどりに展開しているが、その真ん中に例の「もしや」「よもや？」と思ったみすぼらしい小さなナイロン製ピラピラ建造物が風に揺れていた。

難しい塩田での海水撒きも沖縄出身の名嘉元にかかればこの通り。綺麗に飛んだ！

まあ、その日は快晴。明日からも天気は大丈夫そうだ。今度、天候が悪そうなときに建設部長・天野と協力してもう一回作ってみることにしよう。

もう少しで北朝鮮へ

話は少し前後するが、その日の早朝、というか前日の真夜中つーか。えーい面倒くさい。テレビ撮影のためにチームはいくつか（三つだ）に分かれて行動していたのだが、隊員およびテレビ撮影クルーが一番緊張し、あれこれ心配していたのが岡本隊長率いる「雑魚釣り隊釣り部」の動向だった。

出発は午前三時。波も風もさしてない理想的な船出だった。岡本隊長ほかにコン、ザコ、太陽、ケンタロウがでかいのを釣るぞう、とまなじりをつりあげている。もともとまなじりのさがっている人は両手の人指し指で左右からグイッと上におしあげている。

でもまあそんなことはここではいいか。むしろ不思議なのはケンタロウはさっき別のチームの小豚ちゃんたちの肉食わせろ騒ぎのなかでなんとか好きなだけ食わせたら十一万円の勘定だった、という話を書いたばかりで、じゃあケンタロウは二人いるのか、という疑問を指摘する人がきっといるが、アインシュタインの特殊相対性理論によって時間軸が前後しているのである。釣り班の出発は前日の真夜中で、肉はその出発前のことなのである。

釣り部の連中も、テレビの撮影クルーも、なんらかの成果をあげないと！　という使命感に緊張している。釣り番組などは釣れるまで何日も船を出して「いい絵」を撮らせるというが、我々は一夜の旅の者だ。

双方、目的のポイントまでウタタネをしていた。陸地では期待とコーフンと肉の食べ過ぎであまり寝られなかったのもいるらしい。

一時間ほど走った頃、いきなりドーン！　という大きな音で全員が文字通り飛び起きた。

あきらかに何かにぶつかった音だ、と釣り船による釣魚経験豊富なコンが言っている。一番ヤバイのはクジラやシャチとぶつかることで、それは巨大な海ではしばしばおきている。多くはヨットが被害に遭い、たちまち転覆、漂流する。その日海に落ちた雑魚釣り隊は流木などにつかまって北朝鮮のほうに流されるのだろう。

そのほうがホットなドキュメンタリーとしてテレビ局は喜ぶはずだが、ぶつかったのは大きな流木であった。転覆して北朝鮮に流される予定の流木ではないか。船長はやや焦っていろいろ機械をいじっている。そろそろ水平線が見える時間であった。

「だめだなあ。ゆっくりとなら進むが、どうもペラがやられたらしい。潜ってペラ叩いてなおるというもんでもないからのう」

船は浮かんでいるのだからそのまま漂流していって北朝鮮……。というセンだってありますねんで。海の魔物が囁いている。たぶんヤブちゃんにくっついてきた奴だ。

そしてわしもそれには賛成だ。

しかし、船長は港に戻ることに決めたらしい。ああ、おれたちの三日分の肴とテレビの「お話」はどうなるんだろう。

その頃、キャンプ地の我々はそんな出来事を知るよしもなく(もし知っていたなら海岸にでっかい焚き火を作り、彼らの帰還の目印にしようと励んでいた筈だが)、ペラが曲がってしまった船は港に帰るべくじわじわ進み、我々はなんにも知らないまま「ウガー」「ウガー」と寝入っていたのであった。

「白米千枚田」の美しき絶景

爺ちゃん2人は日陰でアイスを食べながら休憩だ

思っていたのとは違う「アナゴ丼」は
西澤の「海鮮丼」とすぐにトレード

朝陽を浴びて順調にポイントに向かっていたのだが……。ザコ「取材どうすんだ？」ケンタロウ「ヤバイっすね……」一体どうなる釣り部!?

能登半島イヤサカサッサイ大馬鹿旅（下）

岡本ついに宿敵アラをぶっこぬく

漂流し、ゆくえもしれぬどこかの浜に流されることもなく、岡本を隊長とするコン、ザコ、太陽、ケンタロウら五人の「雑魚釣り隊釣り部」は港へと戻り、プロペラの曲がった船を放棄し「凪紗丸」に乗り換えた。

この騒動で二時間は無駄に費やし、せっかく深夜の三時に起きだしてきたというのに夏の東の空はそろそろ明るくなりつつあり、本日も雲ひとつないピーカンでーす、と空から皆に告げている。

ポイントまで一時間半かかったが、一刻も早く釣りたくて釣りたくてしょうがない五人は、出航してから何度「サオー問題なしー」「仕掛けー（ジグ＝疑似餌）問題なしー」、狙うべき海を指しつつ「ウミー、問題なしー」「流木ーなしー」の指さし確認を繰り返してきたことか。やがて皆がウトウトする頃エンジン音のトーンが低くなり、最初のポイントに着いた。

「水深百十メートルー」

岡本の得意はジギングによる大物釣りである。彼は船首に立ち「ふわあー」というようにジグを海中に入れ、そのまま海底まで落とし、またすこしふわりと誘いあげ、また落とすというスケコマシ誘魚戦法でいく。

「おいしそうなイヤリングでしょう」

「でもまだダメー」

方向を変えて二投目。

「今度はダイヤをちりばめたのヨ。ミセスにも似合うキラキラよお」

能登沖のおばさんサカナは純情であった。この程度のコマシ度でくくくっと岡本の竿がしなった。

「おっ早いな。肌荒れを心配している若年増ってとこかな。とにかくこのヒキは軽いけれど、誘いのパターンをさぐるきっかけにはなるなあ。まああげてみっか」

岡本は余裕をもってリールを巻いた。あがってきたのは醜悪なスルメイカ。

「あれっ？　サカナじゃない？」

まわりのものが爆笑。

「あれっ？　じゃなくて部長。アラが本命なんですよね。わしらは」

岡本が二投目にして何をあげるか、みんな熱い期待を持って見ていたのだが下品なスルメイカとは。これで何を釣ってもいいんだ、という気分になったらしく、その次にケンタロウがカナガシラをヒット。続いてムシガレイをあげる。船内の空気さらに緩む。メーター級のアラは運よく釣れればいい、ということになったからだ。

その岡本の竿先がまたビンビンいっている。

「おーし。今度こそヒラヒラドレスにひっかかったぞ」

と岡本。今度は自信がありそうだ。弓なりになった竿の先についていたのは良型のオキメバルだった。一同ふたたびガックシ。

「あんたじゃないんだよね。今度はエメラルドグリーンに輝くバーゲンのダイヤでいこう」

疑似餌だからなんとでも言える。そこで岡本の竿がいきなり満月になった。

「やった！ 今度こそだ。スケコマシ！」

岡本がひっこぬいたのは五キロはありそうな本命のアラであった。

「あらっ！ アラをついに隊長がやった」

太陽が叫ぶ。

「よおし、おれだって！」

めあてのものでしかもカタもかなりの獲物があがったので、船内はがぜん勢いづく。

部長の岡本が口火を切った！　東京ではなかなかこのサイズのアラを見ることはできない

アラは成長すると体長一メートルにはなるスズキ目ハタ科で、魚偏に「荒」と書く。よく間違われるが九州でいう巨大魚アラはまったく別もので、それはいわゆるクエである。

九州を旅しているとき高さ十メートルはあるハリコのクエの山車《だし》を大勢でひっぱりまわす祭りを見て、このあたりの人はみんなでクエを大切に崇めているのだな、と知って感動したことがある。

アラは超高級魚で大型のものは旧築地ではキロ一万円をこえる、という。有名料亭やホテルなどが特別な客のために予約していることが殆どで、市場からそういうハイソなところに直行してしまい我々のような大衆はこうして自分で釣って食うしかない魚だ。

わしらはついに漁師を泣かせた

太陽が「よーし、やっと部長が釣りあげたからこれからは遠慮しないでいけるぜ」ケンタロウが「そうそう。部長が釣れないのにおれたちがアラを釣ってしまうわけにはいかないからなあ」。

そんなことを言っているうちに「おッナンカきたぜ」というザコの声。いかにもずしりと重そうな竿先になっているからみんな心配しはじめた。なにしろこういう場面になると必ずザコはまわりに期待を持たせる竿さばきを見せ、みんなが固唾を飲んで見守っているうちに船のそばまでひっぱってきて最後に「あらっ!」と言ってバラすのだ。

「バラシのザコ」といったらそこらの子供の数え歌になっている。

「ザコ! へたな野心もつなよ」

「身のほどを知れよ」

「バレそうになったら竿を隣の奴に渡しておまえはフライパンで『雑魚釣り隊のう

た』をがなるんだ」

まわりの者もコーフンし、何を言っているんだかわからなくなってきた。

ザコはふくらんだアフロヘアをふり乱し日本海ごと何かを釣りあげようとしているような形相だ。

そのうちあがってきたザコのミチイトの先に暴れているのは、なんとさっき岡本があげたアラそっくりではないですか。たくさんの恐怖とサスペンスをふりまきながらザコの大物は船端までやってきてしまった。

「バ、バカヤロウ」

コンが叫んだ。なんだ早くもやっちまったのか。しかしコンは「バラスナ」と言いそうになったが、言うとバラシてしまうバラシ率が八割以上のザコだから、ここで「バラスナ」は禁句だと気がついただけらしい。

まわりの人々すべての不安が頂点に達した頃、岡本のさしだしたタモのなかにさっき岡本のあげたのと同じ五キロ級のアラがバシャバシャ暴れまくっていた。

力つきたザコはそのままひっくりかえり「おれ五分間死ぬ」と言って目をとじた。

これが刺激になって他のものもアラを狙いはじめた。

「おっ今度はもっとでかいぞ!」

と叫んだのはケンタロウだった。奴はコーフンすると巨大な声で叫びまくる。みんなが見ていると奴が釣ったのは五キロくらいはあるマダイだった。「うおっほほほ。タイだタイだああ。タイだ。どんなもんタイ」

嬉しさのあまりケンタロウも即席パーになってしまった。

このようにしてみんないろいろ見事なハタラキをし、本命のアラ大小十四尾、大きなマダイ二尾、オキメバル、ムシガレイなど九種六十尾あまりの魚でクーラーボックスがいっぱいになってしまった。

「あんたらどれだけ釣るんや。釣りすぎやで。漁師泣かせやなあ」

雑魚釣り隊結成十余年のうち船長に「漁師泣かせ」と言われたのはそれがはじめてのことであった。

村には歓喜の平和がやってきた

雑魚釣り隊精鋭部隊はケンタロウの運転するバンの後ろにクーラーボックスいっぱいの獲物を積んでキャンプ地に凱旋した。

そこにいた隊員全員が集まって「うわあ」とか「うへえ」とか「ホントにこれみん

な釣ったの。買ってきたんじゃないんだな」「それじゃ好きなように食っていいんだ」などと口々に言い合い、その声の輪のまんなかで五人の「釣り部」が全員ドヤ顔で腹をでっぱらせていた。

そのちょっと前、夕刻近くにトオル料理長がスーパーに買い物追加部隊を出動させていた。みんなとにかくよく食う連中だから魚を買うとしたら五万円は必要だった。そんなところに彼らが凱旋したものだから「スーパーでサカナ何も買うな」という電報みたいなメールが買い物チームに入った。間一髪のタイミングだったらしい。おれたちの足元にはスーパーもかしずくしかない新鮮超高級魚が山とあるのだ。

時間的にトオルはすぐに獲物を出刃包丁で捌きはじめる。我々のドレイ部隊がえらいと思うのはそれら大量の魚の捌きを七、八人のチームでどんどんやってしまうことだ。指令はトオルが出す。トオルが出刃を握れば何でもできる。ザコはイタリアンレストランに勤めていたのでそっち方面はまかせておける。さらに新島遠征のときからリョースケというプロの寿司職人が入隊した。この三人とドレイ六、七人でお店がひらける。

その日はあまりにも獲物が多いので、捌くのも大変だし食うのだって相当力を入れなければならないだろうと予測された。

一時間もしないうちに大皿に山盛りになったアラとタイの刺し身がドレイたちによって中央臨時料理店（石を椅子にそこらの板をテーブルにしたもの）に運ばれてきた。みんなの歓声と拍手によってさっきまで生きていた大きな魚の刺し身が迎えられる。わっと怪獣「イブクロドン」みたいになった奴らがワリバシがしゃがしゃやって群がっていく。

刺し身はヒト切れが小柄な女の手のひらぐらい大きい。史上最大の刺し身だろう。食ってみると弾力があっていいかげんな態度では刺し身を嚙み切れないということがわかった。イキがよすぎて刺し身の弾力に歯がみんな跳ね返されてしまうのだ。

「両足ひらいて顎と下腹に力入れてやな、全力で嚙まないと跳ね返されて口がパカンと開いたままになってしまうで。夜中になって口の中までそっくり蚊にさされまくりや」

八尾のヤブちゃんがハッパをかける。刺し身に全力の力をいれて嚙みつき、なんとか何べんも咀嚼《そしゃく》行為をして嚥下《えんげ》していく、というえらい力を込めた土木工事みたいな食い方しかできない。なんとか三キレほど食うと口が疲れてしばらく話をするのも億劫になる。

そのほか海女さんにドカンと貰ったモズクの天ぷら。ここらの名物、オニエビも生で齧《かじ》りつく。そのうちにもっと小さく切った刺し身をリョースケがどんどん握る。アラ、タイ、ウスメバル。

寿司のツケ台の前には一人しか立てないから一人あたり二カンまでとして、食う奴は並んで次々に二カン食いおわるとまた行列の後ろにつく、という新島で発明された「人間回転寿司」の輪がたちまちぐるぐる凄い早さで回転している。アラの握りはレモン塩がよくあう、ということも発見された。この塩は昼に塩田で貰ってきたものだ。なんという贅沢きわまりない回転寿司屋であろうか。

前日、基地建設のためにやってきた先発隊が仕事前の腹づくりだあ！　と叫びつつ焼き肉屋になだれ込んだときは十二万円の請求書を見て「みんなホントよく食うなあ」としぶい顔をしていたよろず世話人のケンタロウも、その宴ではえびす様みたいに笑いながらごはん粒飛ばしながらどんどん刺し身、寿司を食っている。

「ひんなへんりょしなひでふってふって！」（訳＝みんな遠慮しないで食って食って）

その日、気がついたのは体重百三十キロ超（推定）の天野と、このケンタロウ、そして料理長として頼りになるトオルのおなかのでっぱり具合が最近近似してきていることだった。今度三人ならんで四股を踏ませ、「これより三役揃い踏みでございます」というのをやってもらおう、とおれはしあわせな気持ちになって眺めていた。

重厚な七尾キリコ祭り

まだ時間は夕方七時である。

もう一班「能登半島巡礼隊」としてタイアップしたテレビ局との取材仕事があり、わしら（おれと西澤、ヒロシにテレビ撮影隊）は慌てて寿司の追加を口いっぱい詰め込んで七尾市の石崎町にむかった。

ここでは能登の伝統的な祭礼として日本遺産に認定されている「キリコ祭り」のひとつ、石崎奉燈祭の取材に行くのだ。

キリコ祭りは能登半島一帯で行われている。そのうち七尾市のものがもっとも勇壮かつ大規模で人気があるという。

そこはまわりが海に囲まれていて、どこをむいても漁師の町だった。

男衆百人で一基を担ぐという。あたりはすごい人出だ。この祭りのために全国各地に巣立っていった七尾の港町の息子や娘らが子供連れで帰ってくるのだから親たちの顔も輝いている。帰ってきた息子たちはこの奉燈を担ぐのだ。もともと漁師の祭りだったが、今はここも漁師は減ってきて若者と呼べる漁師は三十人ほどしかいないという。だから近隣から担ぎ手に応援にきてもらう。

「むかしはこの町の漁師だけで担いで回ったもんや」

偶然出会ったこの祭りの実行委員長である大松さんに親切にその由来やいまの様子など伺っているうちに、ごく自然に大松さんの立派な家にあがりこんでしまった。

伝統的な祭りというのはその町の人はもちろん、訪ねてきた人も華やいだ気持ちになる。

大松さんの立派なお屋敷は三部屋ぶちぬきで真ん中にさっき見た奉燈みたいにテーブルがながーく並べられ、そこに御馳走がどーんと並んでいる。カニ、エビなどの甲殻類、もちろんいろんな刺し身、そのほかいちいち聞かなかったので名前のわからない郷土料理がずらっとだ。

「まあやりなさい」と会長に冷たいビールを勧められる。蒸し暑いなかをやってきたので精神と体が卒倒してしまうくらいうまい。

そのあいだに祭りの訪問客が次々やってきてどんどん賑やかになっていった。

ここでの話はもうあと十ページぐらいほしいくらいたくさんあるが、やがて時間がきて奉燈の出陣となった。目算ながら長さ十メートルはある担ぎ棒が四本。その中央に直立する飾り奉燈が高さ約十五メートル。重さ二トンという。よくまあ人間が担げるものだとぶったまげる。

担ぎ手の印半纏姿のあんちゃんやおっさんがかっこいい。

見事担ぎあげると「サッカサイ、サカサッサイ、イヤサカサー」と全員揃ったかけ声が気持ちいい。この三回にわたって続けた連載の謎の大タイトルはこのかけ声のことなのだった。とにかく重たいから息が合わないとどこかで崩れる。でも町内対抗だから死んでも担ぐぞという気合にみちている。朝まで町内を巡行するのだと聞いてまた驚いた。

左右にゆらゆらあぶなっかしくゆれながら、それでも「サカサッサイ」と狭い町並みを進んでいくと様子を見ているとなぜか目が潤んでしかたがなかった。

眼下で繰り広げられる大迫力の石崎奉
燈祭にカメラを握る隊長も熱くなった

能登の海は優しかった!!　幻の高級魚・アラを釣りあげた釣り部の五人は満面の笑み

「バラシのザコ」も今回は無事に釣った

豪勢な刺し盛りを見よ！　隊長
のビールもすすむすすむ

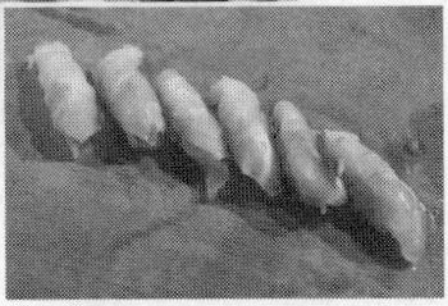

雑魚釣り隊の新名物「人間回転寿
司」。リョースケはひたすら握る

あとがき

毎回、文庫を出すときの恒例行事のようで恐縮だが、この「怪しい雑魚釣り隊」シリーズをふりかえってみようと思う。

①『わしらは怪しい雑魚釣り隊』（新潮文庫）
②『わしらは怪しい雑魚釣り隊　サバダバ　サバダバ篇』（新潮文庫）
③『わしらは怪しい雑魚釣り隊　マグロなんかが釣れちゃった篇』（新潮文庫）
④『おれたちを笑うな！　わしらは怪しい雑魚釣り隊』（小学館文庫）
⑤『おれたちを笑え！　わしらは怪しい雑魚釣り隊』（小学館文庫）
⑥『おれたちをまたぐな！　わしらは怪しい雑魚釣り隊』（小学館文庫）

そして今作『おれたちを齧るな！　わしらは怪しい雑魚釣り隊』（小学館文庫）である。シリーズ七冊目ということになる。

どうして毎回、こうやってふりかえらないといけないかというと、書いている俺が当時のことを忘れてしまっていたりするからだ。文庫となるともう何年か前のことだから「ああこんなこともあったなあ」という気持ちがつよかったりする。

今回の本が出るまでの間にも本当に色々なことがあった。その中でもつらいのが、樋口タコの介とダイスケという仲間がいなくなってしまったことだ。

タコの介は雑魚釣り隊の結成のきっかけをつくってくれた人だ。難しい病気なことはわかっていたが、最後まで雑魚釣り隊に参加してくれた。シリーズ八冊目となる次の本では彼と行った宮古島の旅の話が載るはずだ。

ダイスケは本当に急だったのでいまもまだちょっと信じられない思いがある。この文庫でもいたるページに彼の笑顔やエピソードがあるし、彼とはまだまだ一緒に色んな所に行ったり、酒を呑んだりしたかった。

現在、雑魚釣り隊はコロナのせいで一年間くらい活動を休止している。そんな中で雑魚釣り隊が最初に連載していた沖釣り雑誌『つり丸』の休刊の知らせが届いた。これもさびしいニュースだ。結成から十七年も経つと本当にいろんなことがあるものだ。

つらつらとこんなあとがきを書いていたら急に仲間たちのバカな顔が見たくなってきた。この文庫が出る頃には、近場でいいから久しぶりに海岸で焚き火を囲んで呑みたいなあ。海に行けば魚は釣れるだろう。まあ、釣れなくてもいいのだが。

雑魚釣り隊隊長　椎名誠

元ドレイ隊員が語る、シーナ隊長と雑魚釣り隊

橋口太陽

「ドレイってカタカナで書くとどうやら大丈夫なんだ」

これは、怪しい探検隊からの椎名ファンには、有名な一節ですね。僕は、そのドレイであった「長崎のバカ兄弟」の兄こと太陽です。ドレイ解放されました、というよりドレイが増えすぎたあるとき、僕は玉突き的に正隊員に昇格しました。

愚弟ドウムはその際、名誉ドレイを言い渡され、一生涯ドレイという地位を得ました。しかしながら愚弟は「なぜ同じバカ兄弟というカテゴリなのに、兄は正隊員で、僕はドレイのままなのですか？　僕も正隊員にしてください」と隊長である椎名さんに直談判したそうです。

その時椎名さんは、こう言ったそうです。「いいか、ドウムよ。よく聞くのだ。ドレイの中でも、名誉ドレイは一番偉いんだ。だからお前は一生ドレイの星として輝けるんだぞ。すばらしいことじゃあないか」と。その後、ドウムが嬉々として皿洗いに

邁進したことは、読者のみなさまの想像に難くないはずです。

「長崎のバカ兄弟」と書かれて久しいのですが、確かに東京湾アクアラインのパーキングエリア「海ほたる」の駐車場で自分たちがどこに車を停めたか分からず数十分も探し回ったり、降りなければならない高速道路のインターチェンジを、二人で話に夢中になってしまったために通過してしまい、その後の折り返しの際にも再び話し込んでしまい、またもや通過し降りられなかったこともあります。つまり、二人が合わさるとバカになるわけで、一人だとバカではないのだと未だにそれぞれが信じている次第です。

さて、怪しい雑魚釣り隊が二〇〇五年に始まって以来、毎月のように全国各地、時には海外にまで足を延ばしている我々ですが、長崎のバカ兄弟は記念すべき第一回の大島キャンプから参加している生粋《きっすい》のドレイです。連載当初はドレイと言えば我々二人しかいませんでした。ですからドレイから、いまや副隊長まで太閤秀吉のように昇り詰めたタケダに言わせると、そんな初期のころを知る我々がうらやましいそうです。よく彼は我々のことを「レジェンドドレイ」と言ってくれますが、それが偉いのか偉くないのかはわかりません。ただ雑魚釣り隊の歴史を誰よりも長く知っているという意味ではいいことなのだと思っています。

そして雑魚釣り隊には、年功序列ならぬ年齢序列という素晴らしいルールがあるのです。たとえタケダが副隊長に昇り詰めたとて、年上が偉いのです。雑魚釣り隊は、怪しい探検隊の時から椎名隊長を最高位とした完全ヒエラルキーの軍団であり、その中でも最も尊重されるのが「年齢」です。だから、会社でよくある年下が上司でやりづらい、なんてことは一切ありません。タケダが「オレは副隊長だかんな、言うこと聞けよ」という決めゼリフをよく吐きますが、そういう時はとにかくうるさいので僕は彼より年上でよかったと思うのです。

ただし、食事の時だけはそうはいきません。本書の「おれたちは静岡超ＡＡＡ級キャンプ地に帰ってきた」では、僕はあつを君と協力して劇的に不味いヤキソバを確かに作りました。何かしら理由をつけて彼のせいにしたかったのですが、ビールをヤキソバにたくさん入れたのは僕です。たくさん入れたほうが美味くなるとネットに書いてあったのを信じたのがよくなかったようです。激マズヤキソバを作った僕は本気でタケダに殺《や》られそうでした。

「ヤキソバってこんなに不味く作れるもんなんだな！　ああ不味いな！　ほんとうに不味い！　クソ！」

言葉に殺意ってあるのだなと思うと同時に、タケダが年下なことも忘れて恐怖を覚えました。血走って白目が全く無くなったタケダの細い目が今も忘れられません。

そして、その場に隊長がいなくて本当によかったと思ったのです。なぜなら実は、麺類のことで人から怒られるというのはその時が初めてではなかったのです。

雑魚釣り隊黎明期の千葉キャンプの時でした。僕とドウムはうどんを茹でていました。そうなんです、初期は料理人であるザコさんもトオルもいませんので、実はドレイが調理を担っていた黒歴史があるのです。その時代はカレー、うどん、そばという間違いのない且つ、味の振れ幅の少ないメニューが多かったのです。

「隊長どうぞ」

うどんを椎名さんがすすります。

「このうどん茹でたやつは誰だ？」

いつもと違う感情のこもっていない隊長の声に戦慄が走ります。十数人分も同時にうどんを茹でたことがないバカ兄弟は、完全に茹で時間を見誤り茹で過ぎてしまったのです。もはやテロンテロンになったうどんらしきものを箸で持ち上げた椎名さんのまなざしは、タケダのそれよりもさらに恐ろしかったのを覚えています。当時、若頭だった西澤さんの「ドレイ兄弟が茹でたんでさあ、隊長許してやってくだせえ」という時代劇さながらな話でその場はなんとかおさまったと記憶しております。そんなこんなで僕は長いこと麺類を調理することから遠ざかっていたのですが、久しぶりに腕を振るったらなんのことはない、ヤキソバは激マズになったのでした。椎名さんがいなくて本当によかったです。

こんな話だけだと、さぞ椎名さんが怖そうだと思う人がいるかもしれませんが、全くそんなことありません。隊長は、とにかくドレイには優しいのです。よく覚えている光景があります。キャンプ宴会の翌朝、砂浜のあちこちで行き倒れている泥酔熟睡の隊員を起こさず散らばっている荷物を集め、ゴミを拾ったりしている椎名隊長の姿です。多分、雑魚釣り隊のみんなは二日酔いの薄目で、同じ光景を一度は見ているはずです。本来ドレイがすべき仕事なのに人知れずそんな背中を見せてくれる隊長なので、「このマグロは俺のだかんな」と言っても、そこには説得力があるわけです。

他にも椎名さんは重い荷物をドレイが持つより先に持ちますし、クーラーボックスの近くを通る時に、「隊長、ビールをお願いします、えっと三本」なんてドレイからのリクエストにも快く応じてくれます。これは隊長であってもドレイであっても冷えたビールを所望する権利は等しく有するという隊の黄金ルールがあるからです。

話がいったりきたりで申し訳ないのですが、僕が椎名さんと出会ったきっかけは、ドウムが『本の雑誌』でバイトをしていたことに端を発します。ある日ドウムが椎名さんの草野球に誘われ、その時に兄もいるという話をしたら「おう、今度兄もつれてこいよ」と誘われたのです。この経緯がなければ、私は雑魚釣り隊にいなかったかもしれません。ドウムのファインプレーでした。

学生時代によく父の書棚から椎名さんの本を盗み読みしていた僕は、憧れだった椎名さんとの初対面でかなり緊張し動揺したのを覚えています。椎名さんは五十代半ば、僕は二十代半ばでした。「君がドウムの兄の太陽君か」という、最初にかけてもらった言葉ははっきりと覚えていますが、その後、何を話したのかは緊張で実はあまり覚えていません。

そこから少し経ったある日、怪しい探検隊が復活するという話を聞いたのです。それが沖釣り雑誌『つり丸』の連載で、魚を釣ってキャンプをするという内容で、その名こそ「怪しい雑魚釣り隊」であると。そして長崎のバカ兄弟をドレイに指名する、と聞いた時の感動といったらありませんでした。頭の血管がドクドクドバドバするくらいうれしかったのを覚えています。プロ野球のドラフト会議で一位に指名されたときはこんな気持ちなのでしょうか。

記念すべき連載第一回目の大島行きのフェリーでは、車座になっての自己紹介がありました。興奮のあまり僕の脳内では、一人一人の自己紹介が映画やドラマの人物紹介のカットのようなかっこいいイメージに変換されて見えました。中でも椎名さんが最初に放った「雑魚釣り隊を結成する！」という言葉には、これから始まるめくるめく壮大な物語の始まりを予感したものです。

ところが現実は甘くありませんでした。水を運ぶポリタンクは重いし、ランタンのポンピングはよくわからずスカスカしてなかなか空気は圧縮できないし、そもそもガスボンベやら大鍋やら、まだ持っていく荷物の整理もされておらず、重い物だらけだったのです。そして昔からの読者には有名ですが、隊にはPタカさんという重鎮の隊員がいました。このPタカさんは皿洗いで忙しい我々の背後に来て、手を後ろに組み、何かよくわからない話を、僕ら兄弟にするのです。それは何時間か前に聞いたものだし、「Pタカさん、それはさっき聞きました。暇なら皿洗い手伝って下さいよ」と言うと、「皿洗いは君たちドレイの仕事じゃないか。それより私の話を聞きなさい」というリピート地獄。「その話さっきも聞きました」「いいからまた聞きなさい」今考えると、皿洗いなんかよりPタカさんの同じ話を聞く方が大変でした。普通、人は同じ話を数時間の間隔で何度も聞くことはないと思うのです。ただ、それも今振り返るとドレイの大切な仕事のひとつだったのかもしれません。

さて、今ではいろんなメンバーが総勢三十名ほどいる雑魚釣り隊ですが、釣りをしてキャンプをして焚火をして、そんな時間が楽しくないわけがありません。メンバー間ではよく「次の雑魚釣り隊があるから日々の仕事を頑張れる」という話をします。雑魚釣り隊の活動は僕たちにとって栄養ドリンクのように日々のモチベーションに作用しているのです。

『週刊ポスト』編集者のケンタロウ（年上なので彼のことも呼び捨てにできるのです）から「次の雑魚釣り隊」というタイトルのメールが来るといつも胸がウキウキと躍ります。遠足前夜の小学生みたいですが、歳を重ねてもこの感覚が味わえるのは雑魚釣り隊の醍醐味だと思っています。

最後に、僕が好きで大事にしている言葉に「ラッキーボーイ」というものがあります。本書にも度々登場する椎名さんの盟友の太田トクヤさんが、雑魚釣り隊メンバーに言った言葉です。

「君たち雑魚釣り隊のみんなは、ラッキーボーイだ。椎名誠と旅ができる人って限られているんだからさ。それってとても幸せなことだと思わないか」

そのさりげない一言がずっと胸に残っています。そうだ、こんな貴重な機会はなかなかないのだ。僕より先に旅立ってしまった仲間もいるけれど、彼らとも椎名さんと一緒に多くの旅ができたのだから、やっぱり僕は幸せだったのだ。そう思うのです。

雑魚釣り隊のドレイ（カタカナですよ）は、世界で一番ラッキーなドレイなのかもしれません。

令和四年四月　雑魚釣り隊隊員

―――本書のプロフィール―――

本書は、二〇一九年十二月刊『おれたちを齧るな！　わしらは怪しい雑魚釣り隊』（小学館）の文庫化です。

小学館文庫

おれたちを齧《かじ》るな！
わしらは怪《あや》しい雑魚《ざこ》釣り隊《たい》

著者　椎名《しいな》　誠《まこと》

二〇二二年六月十二日　初版第一刷発行

発行人　鈴木崇司
発行所　株式会社　小学館
〒一〇一-八〇〇一
東京都千代田区一ツ橋二-三-一
電話　編集〇三-三二三〇-五九六六
販売〇三-五二八一-三五五五
印刷所　―――――凸版印刷株式会社

ISBN978-4-09-407153-5